作り方の
なぜ？がよくわかる
タルトの本

相原一吉

目次

タルトは、フランスでもっともポピュラーなお菓子です。

おいしい底生地作りからスタートです。 4

基本は、パート・シュクレ、パート・ブリゼ、フイユタージュ・ラピッドの3つです。 8

実際に作る前に知っておきたい道具のこと、焼成のこと 10

生地1　パート・シュクレの作り方 12

生地2　パート・ブリゼの作り方 14

生地3　フイユタージュ・ラピッドの作り方 16

生地ができたら、型に敷いておきましょう。 18

生地によって、型の準備と敷き方が違います。 20

タルト型
パート・シュクレの敷き込み 20
パート・ブリゼの敷き込み 22
フイユタージュ・ラピッドの敷き込み 23

タルトレット型
パート・シュクレの敷き込み 24
パート・ブリゼの敷き込み 25
フイユタージュ・ラピッドの敷き込み 25

タルトの半焼きは生地によって違います。 26

さあ、仕上げましょう！

タルト作りの第一歩はアーモンドクリームで作りましょう 27

基本のアーモンドクリームの作り方 28

アーモンドクリームをたっぷり詰めた
アマンディーヌ 29

基本のアーモンドクリームの作り方 31

アマンディーヌのバリエーション
プルーンのタルトレット 32

グラスロワイヤルをぬって
タルトレット コンヴェルサシオン 33

コーヒー風味のアーモンドクリームで
アマンディーヌ オ カフェ 34

ヘーゼルナッツに替えて
タルトレット ア ラ バナーヌ 36

くるみに替えて
タルトレット オ ノワ 37

バターを生クリームに替えて
松の実のタルトレット 38

卵の多いクリームで
ミルリトン 40

アーモンドクリーム＋りんごで
りんごのタルト 42

ふたをして焼いて
チョコレート入りアーモンドクリームのタルト 44

カスタードクリームも タルトに欠かせないクリームです。 48

アーモンドクリームを包んで、くるりと丸めて
エスカルゴ オ ポム 46

カスタードクリームで作る
フルーツタルトレット(缶詰、いちご) 49

基本のカスタードクリームの作り方 51

カスタードクリーム+クリームチーズで
タルト オ フロマージュ 52

カスタードクリームを包んで
トルタ デラ ノンナ 54

フラン種を詰めて
洋梨入りチョコレートフラン 56

メレンゲもタルトの詰め物になります。 58

メレンゲにラズベリーを混ぜて
タルト マルスリーヌ 59

メレンゲの基本の立て方 61

オレンジ風味のメレンゲで
オレンジのガレット 62

メレンゲ+南国風味
タルトレット エキゾチック 64

フィナンシエ生地で
フィナンシエのタルトレット 66

から焼きにした 底生地で作るタルトレット 68

キャラメルを詰めて
くるみとキャラメルのタルトレット 68

ガナッシュを詰めて
タルトレット オ ショコラ 70

これもタルトです。 72

マカロンを底生地にして
いちごのマカロンタルト 72

タルトには塩味もあります。 74

キッシュ種で作る
じゃがいものタルト 74

キッシュ種で作る
きのこのタルトレット 76

キッシュ種で作る
チーズとパセリのタルトレット 77

ほうれん草入りのアパレイユ
ほうれん草とゆで卵のタルト 78

玉ねぎをのせて
ピサラディエール 80

トマトソースで
なすとトマトソースのガレット 81

ご飯とゆで卵の入った
ミートパイ 82

基本の次に挑戦したい生地 84

本格的なフイユタージュ・ノルマルの作り方 84

フイユタージュ・ノルマルで
ガレット デ ロワ (ピティヴィエ) 86

＊本書で使用した大さじ1は15ml、小さじ1は5mlです。
また、牛乳や生クリームなどの
液体も正確を記すためにgで表記しています。

タルトは、フランスでもっともポピュラーなお菓子です。

ケーキというと日本ではショートケーキがいちばんポピュラーですが、フランスではお菓子というとタルトというくらい、ごくあたりまえの存在です。すぐに型に敷ける状態の底生地がスーパーで売られていて、家庭でもよく作られます。タルトは、さまざまなバリエーションが楽しめるお菓子ですから、ぜひ、気軽にタルト作りを楽しんでください。

ひとくくりにタルトと表現していますが、小さい一人用のタルトはタルトレットと呼びます。フランス語の習慣で、語尾を変えて「小さい」を意味しているのです。

いちごのタルトレット
フルーツタルトの代表といってもいいのが、このいちごのタルトレット。中に詰めたのは、カスタードクリーム。上にはジュレをぬって、つやよく仕上げてあります。→作り方p.50

大きなサイズで焼いたものがタルトです。

🏷 タルトというのは？

一般には円形の底生地の上にクリームや果物を敷き詰めたお菓子のことをいいますが、もともとは円形のお菓子をさしていたようです。ドイツ語のトルテ、イタリア語のトルタもタルトと語源は同じラテン語のようですが、だんだん変化して、今では異なるお菓子をさすようになりました。
「ガレット」というのは、薄い円盤状のお菓子をさします。大昔、ゆるい生地を熱した石の上で焼いた、もっとも原始的なお菓子が始まりのようです。本書でも「ガレット デ ロワ」(p.86)や「オレンジのガレット」(p.62)を紹介しています。底生地もいろいろあって、本書で紹介しているもののほか、ブリオッシュなどのパン生地も使われますから、おなじみのピッツァもタルトの仲間と呼んでもいいかもしれません。実際、アルザス地方には「タルト フランベ」というピッツァのような料理もあります。

アマンディーヌ

フランスの代表的なタルトが、このアマンディーヌ。アーモンドクリームをぎっしり詰めて焼き、表面は、あんずジャムをぬってスライスアーモンドをのせて仕上げました。→作り方 p.30

タルトの種類は、
底生地と詰め物の
組合せしだいで、
いくらでもあります。
底生地と詰め物の一体感を
味わいましょう。

カスタードクリームで→p.48

塩味のタルトも→p.74

代表的なアーモンドクリームで→p.28

チョコレートも詰め物に→p.70

メレンゲも詰め物に→p.58

クリームもいろいろあります。塩味にすることもできます。

おいしい底生地作りからスタートです。基本は、パート・シュクレ、パート・ブリゼ、フイユタージュ・ラピッドの3つです。

タルトはおいしい底生地があってこそのものです。生地はさまざまありますが、その中で、まず、知っていただきたいのがもっとも基本的な3種類の生地です。ぜひ、生地作りから、タルトを作るおもしろさを楽しんでください。

3つの生地でアマンディーヌを作りました。その違いは？

写真は、同じタルトレット型に3種類の生地を敷き、アーモンドクリームを詰めて焼き上げたアマンディーヌの断面です。実際に作る前に、それぞれの性質、食感の違いを知っておきましょう。

1.

パート・シュクレ →p.12

フランス語で「パート」は生地、「シュクレ」は甘いという意味で、いちばんよく使われる代表的な底生地です。型抜きして焼けばサブレにもなる、おなじみの生地です。
火通りがいい生地なので、ここでは他の生地よりも厚めに敷いてあります。

甘いタルトに使う。

きめ細かい、サクッとした食感が特徴。

仕込みやすい。

3.
フイユタージュ・ラピッド→p.16

「フイユタージュ」は層になった生地という意味のとおり、焼上りが層になる生地です。ここでは、底生地に向く、家庭で作りやすい方法の即席版（ラピッド）を紹介します。
焼上りを他と比べると、層になっているのがわかります。火通りの悪い生地なので、ここでは薄く敷き込みました。

パリッとして1枚ずつの層がほろほろとはがれるような軽い食感。

3種の生地をタルトレット型に敷いて。
上／フイユタージュ・ラピッド
中／パート・ブリゼ
下／パート・シュクレ

2.
パート・ブリゼ→p.14

「ブリゼ」は砕けるという意味の生地で、砂糖はほんの少ししか入りません。底生地専用の生地（パータフォンセ）ともいわれています。
焼き色がつきにくい生地なので、ここではパート・シュクレよりも、やや薄めに敷き込みました。

甘いタルト、塩味タルトの両方に使える。

仕込みに手間と時間がかかるが、作りがいがある。

フードプロセッサーを使うと簡単。

もろく、ほろっとした食感が特徴。

甘いタルト、塩味タルトの両方に使える。

実際に作る前に知っておきたい道具のこと、焼成のこと

● 生地作りのために特に用意しておきたい道具

めん棒
上等な高価な木製のものならいいのですが、手頃な木製のものは表面が粗く、使っているうちに反ってしまうことがあります。私が使っているのは、写真の2タイプ。グレーのほうは実は水道管です。表面がなめらかで洗ってもふき取れば、すぐに乾き便利です。ホームセンターなどで入手できます。直径約3.5cm、長さ45～50cmが使いやすいです。
クリーム色のほうは表面がギザギザしています。ポリシートではさんだ生地をのばすときにすべらず、とても便利です。フイユタージュをのばすときは、生地を傷めるので用いません。

刷毛
私が使っているのは、刷毛専門店で求めた毛足の長いやわらかい大きな刷毛です。打ち粉をしたときに余分を払うのに便利です。毛足の短い刷毛を使うときは、刷毛の本体で生地を傷つけないように気をつけましょう。

● 焼上りは目で確かめて

本書では焼上り時間は一応の目安で表わしています。
何よりも目で確認することが大事です。底生地の縁の色がいい焼き色になり、中央がふくらんでくれば火が入った証拠です。
また、底の焼き具合も大切です。
タルトレットは簡単に逆さにして見られるので、底の焼きが足りないようなら、もう一度型に戻して、焼き続けます。
タルトは、焼いている間は見えませんが、焼き上がったものの底の色つきが悪いようならば、次回の半焼きを長くするとか、オーブンの下火がきくように工夫をします。
まずは、実際に焼いてみて、自分のオーブンの場合のいい状態に焼けるまでの時間がどのくらいかという目安を知りましょう。
またナッツ類のローストは、ナッツの状況によって違ってきますから、様子を見ながら焼いてください。

ポリ袋

これは厚さ0.05mm、26×38cmの厚手のポリ袋です。生地を休ませるときに入れるほか、切り開いてシート状にし、生地をはさんで、めん棒でのばすときにとても便利です。スーパーマーケットで売られている薄手のものでも使えないわけではありませんが、のびて変形したり、生地に食い込みやすいので気をつけましょう。

● 温度は自分の
オーブンに合わせて

本書では、中温、高温と表わしています。それぞれの（　）内の温度は私が使っているオーブンの温度で、これはあくまでも目安と思ってください。
なぜ、目安かというと、180℃と示しても、私のオーブンと皆さんのオーブンでは違う焼き加減になる場合があります。また、上火、下火の強さや庫内の焼きむらの状況も、個々のオーブンによって違います。
大事なことはご自分のオーブンの中温を知ることです。中温を知るのにいちばんいい方法は、まずスポンジケーキを焼いてみることです（レシピは拙著『お菓子作りのなぜ？がわかる本』参照）。25分くらいでいい状態に焼ければ、そのオーブンの中温です。また、パート・シュクレを型抜きして、サブレをこの中温で焼いてみれば、焼きむらもわかります。
ただし、中温（170～180℃）で焼くパート・シュクレに対してパート・ブリゼは少し高めのほうがいいので低めの高温（約190℃）で焼きます。またフルーツケーキなどは低めの中温（約160℃）で焼いていくというように中温にも幅があります。左記のように、焼成温度を図で示しましたので、参考にしてください。
また、コンベクションオーブンは下火が弱いことが多いです。お菓子作りでは下火が弱いと困りますので、その場合は、天板を使わずに、網の上に型を直接のせて焼きましょう。反対に下火が強いようならば天板を重ねましょう。焼いている途中で上面が焦げるようならば、アルミ箔をかけるなどします。

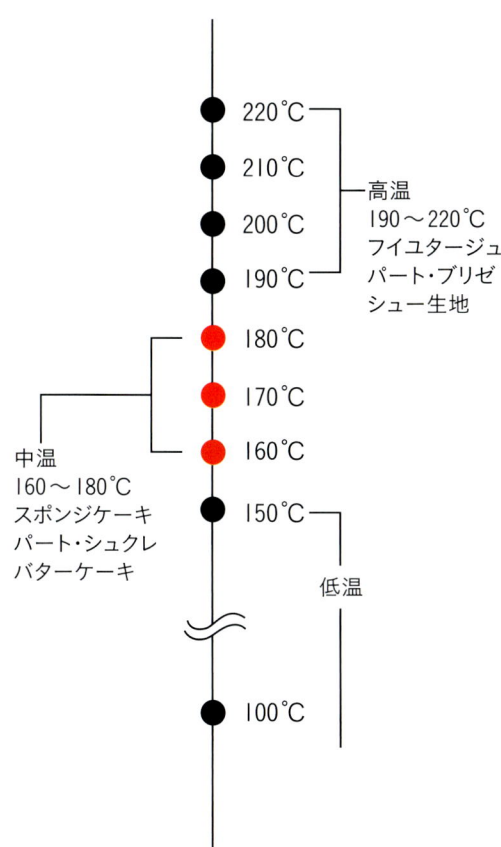

打ち粉ふり

フランスで粉砂糖をふりかける道具としてよく使われているものです。強力粉を入れて使っています。生地に平均にふりかけられて具合がいいです。ただし、しけないように使うたびに入れ替えるようにしましょう。もちろん、茶こしなどでふりかけてもいいです。

生地 — パート・シュクレの作り方

シュクレは甘いという意味のとおり、甘みのある生地です。やわらかくしたバターに砂糖を加えながら、クリーム状に混ぜ合わせて空気を含ませ、そこに卵黄を加えて混ぜ、最後に粉を加えて均一に合わせ、粘土状に作るのがこの生地です。

材料すべてを均一に

この生地は、粉のたんぱく質が水分と直接出合わないので、粘り成分のグルテンができにくいのです。そのため、のばすときも扱いやすく変形しにくく、ほとんど焼き縮みもしないので、とても具合のいい生地です。

ただし、粉がしっかり合わさっていないと、グルテンがない分、ぼそぼそとして敷き込むときに割れたりします。それを避けるために、生地作りの最後は均一に混ざり合うよう手でしっかりまとめましょう。

●生地のバリエーションができる

パート・シュクレの生地は、粉の一部を替えることで味の変化が楽しめます。

ココア入りの生地→作り方 p.35
アーモンド入りの生地→作り方 p.37

均一な粘土状の生地に

🟠 バターをクリーム状にするときは

「バターをやわらかくする」というのは、室温にしばらく置いておき、包装紙の上から指で押すとすっと入るくらいのかたさです。ただ、寒い時期にはなかなかこの状態にはなりません。夏場は逆にとけてしまうことがあります。

一番のおすすめの方法は、電子レンジを使うことです。冷蔵庫から出したてのかたいバターを500〜600Wならば20秒ほどかけて、一度ゴムべらで中心部のかたさを見ましょう。まだかたければ様子を見ながら、5秒ずつくらいかけます。

🟠 小麦粉は何を使う？

小麦粉は含まれるたんぱく質の量で、薄力粉、中力粉、強力粉と分けられますが、パート・シュクレやパート・ブリゼの底生地に向いているのは薄力粉です。精製度の高いものもありますが、ごく普通に入手しやすいもの（商品名"フラワー"や"ハート"など）のほうが、しっかりした食感になって向いています。

🟠 生地に使うのは粉砂糖？

グラニュー糖など純度の高い砂糖を粉砕したものが粉砂糖です。粒子が細かいので、バターにすり込んで使うときになじみやすく、具合がいいため、パート・シュクレやアーモンドクリームなどには粉砂糖を使っています。

グラニュー糖は、卵や水分の多いものに加えれば溶けますが、バターの中では、ほぼそのまま残ります。

基本材料（でき上り約400g）
バター（食塩不使用）　100g
塩　ひとつまみ
粉砂糖　80g
卵黄　1個分（約20g）
薄力粉（ふるう）　200g

＊水分の少ない生地なので、卵黄が20gより少ないと生地のまとまりが悪くなる。少ないときは、卵白を少し足して20gにすること。
＊この分量で直径20cmのタルト型2台分がとれる。

9 ボウルからきれいにはずれて、一つにまとまればいい。

6 泡立て器についたものを丁寧に落とす。

3 卵黄を加えてよく混ぜる。

10 ポリ袋に入れて、めん棒で押さえてざっと平らにし、冷蔵庫で休ませる。

7 さらに1/3量の粉を加え、ここからはへらで混ぜる。同様に残りの粉を加え、よく混ぜる。

4 粉の1/3量を加え、泡立て器でよく混ぜる。

1 バターをクリーム状にやわらかく練る。

生地ができたら！
できたてはやわらかい生地なので、扱いやすい状態になるまで、冷蔵庫で休ませること。扱いやすくなったら敷き込んでもいい。時間にゆとりがあれば、一晩休ませると、粉が水分を吸い、焼上りが粉っぽくならずにおいしくなる。冷蔵庫で1週間くらいはもつが、p.19のように型に敷き込み、冷凍保存がおすすめ。

8 最後は手で、きちんとまとまるまで混ぜ合わせる。

5 このように完全に粉が見えなくなるまで混ぜること。ここまでは泡立て器で。

2 バターをボウルに入れ、塩を混ぜ、粉砂糖を3回に分けて加えてよく混ぜる。

生地2 パート・ブリゼの作り方

粉の中でバターを細かい粒にして、そこに水分を加えてまとめて作る生地です。このバターの細かい粒が、もろく砕ける生地を作るのです。砂糖はほんの少ししか入りません。

作り方は2通り

粉の中でバターを細かい粒にするには、フードプロセッサーを使う方法と泡立て器を使う方法の2通りがあります。いずれも、冷たい粉の中でバターを小さな粒にして、さらにパン粉のように細かくさらさらの状態にします。できるだけ、手でさわる時間を短くし、バターが体温でゆるまないように気をつけましょう。

焼く前は休ませる

粉のたんぱく質と水分が直接出合うため、粘り成分のグルテンができます。そのため、パート・シュクレに比べて、縮みやすく、弾力のある生地になりますから、焼く前は充分休ませます。

パン粉のように
細かく
さらさらの
状態にする

基本材料(でき上り約450g)
薄力粉(ふるう)　250g
粉砂糖　大さじ1
塩　小さじ1/2
バター(食塩不使用)　150g
卵　1個＋水で60g
打ち粉用強力粉　適宜

＊この分量で直径20cmのタルト型2台分がとれる。

フードプロセッサーで作る方法

準備
粉は冷凍庫、バターは冷蔵庫で冷やしておく。

ボウルにあけ、水を加えたとき卵を加える。

冷やした粉に砂糖と塩を合わせて、フードプロセッサーに入れ、少し回転させて混ぜ合わせる。ここに2cm角くらいに切ったバターを入れる(フードプロセッサーの容量が小さければ半量に分ける)。

カード(またはへら)で、ボウルに生地を押しつけるようにして、全体を合わせる。

ポリ袋に入れて、めん棒で押さえてざっと平らにし、冷蔵庫で休ませる。

生地ができたら！
冷蔵庫で冷やし、扱いやすくなるまで休ませる。ゆとりがあれば一晩おくとよりいい状態の生地になる。冷蔵庫に入れても3日くらいでカビが出るので、早めに仕上げるか、目的の型に敷き込み、冷凍しておく。

様子を見ながら、ショートスイッチで小刻みに短時間ずつ回転させながら、バターの塊がなくなり、パン粉のようにさらさらの状態にする。
＊回転しすぎると摩擦熱でバターがゆるむので注意。

泡立て器で作る方法

準備
バターをクリーム状にやわらかくしておく。粉は冷凍庫で冷やしておく。

1　ボウルに冷やした粉を入れ、砂糖と塩を加え混ぜ、クリーム状にしたバターを入れる。

2　泡立て器を上からつぶすように動かす。

3　さらに左右に動かして、手早くバターを細かい粒状にする。
＊やわらかいバターが冷たい粉に出合うことで、細かい粒となって固まる。

最後は手でボウルから離れるまでよく合わせ、ひとまとめにする。

4　さらに、てのひらですりあわせて、さらさらの細かなパン粉状にする(手早くしないとバターがゆるんでしまうので注意)。
以下、フードプロセッサーの方法の③〜⑥と同じ。

生地3 フイユタージュ・ラピッドの作り方

フイユタージュというのは「層状になった生地」という意味で、一般に折りパイ生地と呼ばれているものです。p.84で紹介している本格的な方法は、かなり手間と時間がかかります。本書で、家庭的な方法としておすすめしたいのは、本格的なものよりも速く、手短かに作るフイユタージュ・ラピッドです。初めにバターの小片入りの生地を作ってしまい、それをやや強引に「のばす」と「折りたたむ」を繰り返して生地を作っていきます。

休ませながら作ります

この生地は、水分が粉の半量入ります。粉のたんぱく質と水が直接出合い、しかもたんぱく質の多い強力粉も入れて作るので、グルテンがたくさんできます。そのため、生地作りの段階でのばしにくくなったり、縮む頻度が多くなります。それを解消するために、しばしば休ませねばなりません。またバターがゆるんできたら冷やす必要があります。

このように他の生地に比べ、手間と時間がかかりますが、ほろほろと一枚ずつはがれる軽い食感はこの生地ならではのもの、作りがいのある生地です。

基本材料(でき上り約500g)
薄力粉(ふるう)　125g ┐合わせて250g
強力粉(ふるう)　125g ┘
バター(食塩不使用)　150g(粉の60%)
水　約125g(粉の約50%)
塩　小さじ1/2
打ち粉用強力粉　適宜

＊この分量で直径20cmのタルト型3台分がとれる。

準備
・薄力粉と強力粉をボウルに合わせて泡立て器でよく混ぜて、ふるいを通し、冷凍庫で冷やしておく。バターは冷蔵庫で冷やしておく。
・水に塩を加えて溶かし、冷やしておく。

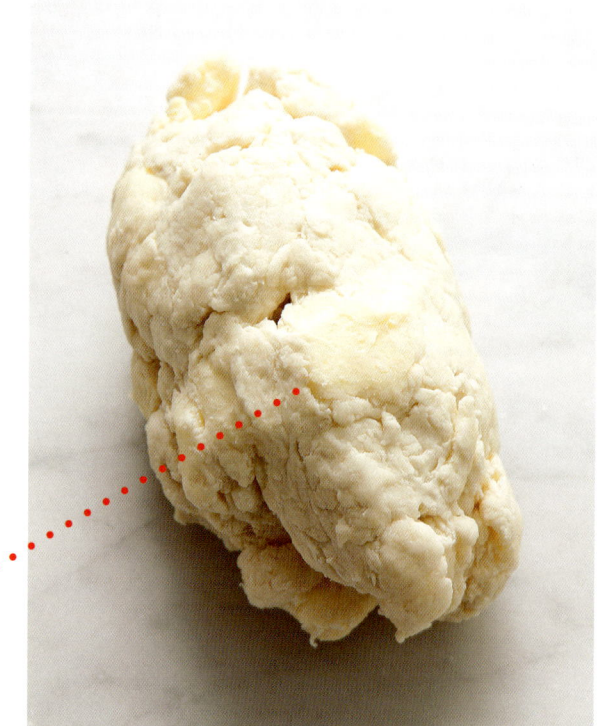

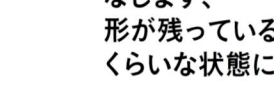
バターは粉となじまず、形が残っているくらいな状態に

初めに気をつけたいのは？
初めに小麦粉とバターと水を合わせるときに、バターがやわらかい状態ではいけません。バターと粉がなじんでしまっては層になりません。小麦粉も水も冷やしておき、バターは冷蔵庫から出したてのものをかたいまま刻みます。

フイユタージュの粉は？
フイユタージュは、のびがよくなくてはいけないので、薄力粉だけよりも、中力粉くらいのほうがいいので、強力粉と薄力粉を半々に合わせています。

打ち粉の粉は？
さらさらとした強力粉を使います。薄力粉は粒子が細かく、まとわりつき、打ち粉としてのすべりも悪いです。

休ませる、冷やすというのは？
フイユタージュの生地作りで、休ませるということは、とても大事です。グルテンはゴムのような性質を持っていて、引っ張れば元に戻ろうと縮む力が生じます。でも、ゴムと違うところは、休ませることで、縮む力は消えます。無理やりのばそうとしないで、のばしにくくなったら、休ませましょう。また、バターがゆるみすぎてしまい、バターが外に出てきて扱いにくくなることがあります。バターが表に出たままではきれいな層になりません。様子を見ながら冷蔵庫で冷やし、扱いやすい状態にします。

10
三つ折りは合計5回する。三つ折りが3回目くらいになると、生地の表面もきれいになり、角も、ひっぱるときちんと形になってくる。
＊途中バターがやわらかくなったら、冷蔵庫で冷やし、のばしにくくなれば、必ず、休ませること。そのとき、折った回数をメモしたものをのせておく。

生地ができたら！
冷蔵庫に入れても3日くらいでカビが出る。5回三つ折りをして冷蔵庫で充分休ませたら、三つ折りのままでは、すぐに使えないので、目的の厚さにのばし、すぐに型に敷き込めるような大きさに2〜3等分して冷蔵または冷凍にしておくこと。

のばす生地の大きさの目安は？
（厚さは個々のレシピに添って）
20cmのタルト用ならば、立上りも入れて直径約25cmくらい（四角でもいい）にのばす。
タルトレットも同様に、目的の大きさがとりやすい大きさにのばす。たとえば、直径9cmの抜き型で抜く場合、9cm×3で27cm、これに少し余裕をもたせて30cm角にすれば、9個取れる。残りの生地を合わせた二番生地を使えば、もっととれる。このように、レシピのタルトレット型の抜き型でとれる分を用意する。

7
40cmくらいの長さになったら、1回目の三つ折りをし、めん棒で上から均一に押さえ、密着させる。
＊このとき、内側になる面の打ち粉はよく払うこと。

4
全体がようやく一つにまとまった状態にする。いつまでも触っているとバターがゆるんでしまうので注意。

1
準備しておいた粉をボウルに入れ、冷蔵庫から出したてのバターを1.5cm角、厚さ5mmくらいに刻みながら粉の中に入れ、周囲に粉をまぶし、バターどうしがくっつかないようにする。

8
生地を90度回して（左右に折ったわがくるようにおく）、めん棒でつぶすように、同様にのばす。

5
ポリ袋に入れて、めん棒で押さえて少し平らにし、冷蔵庫で休ませる（最低1時間。一晩でもいい）。

2
塩を加えた水を、散らすように加える。

9
40cmくらいまでのばしたら、同様に2回目の三つ折りをし、密着させる。

6
生地を台に取り出し、両面に打ち粉をし、刷毛で余分を払い、めん棒で真ん中から上下へ落しつぶすように押さえてのばす。
＊初めのうちは、バターが表面に出ているので、たびたび両面に打ち粉をし、余分を払うこと。

3
指先で粉と水分がなじむように混ぜる。粉だけがばらばらでなじんでいない部分がなくなるまで混ぜること。

生地ができたら、型に敷いておきましょう。

生地は塊のままにしておくよりも、型に敷き込んでおくと、すぐに作れます。

● 焼き型と抜き型の用意を

タルト型
本書では円形の直径20cmのものを用いました。底抜けタイプのものがおすすめです。ここでは使いませんでしたが、長方形の型も切り分けやすく便利です。

本書で使った型と抜き型
A　直径20cmのタルト型、高さ約2.5cm（底抜けタイプのもの）
B　直径7.5cmのタルトレット型（やや上広がりの形・ミラソンと呼ばれる）
C　直径6.5cmのタルトレット型（かなり上広がりの深めの形）
D　直径5.5cmのポンポネット型（底に向かって丸くなっているタルトレット型）。
E　菊型と縁が平らな抜き型各3種類

敷けたら冷凍に。

型に敷き込んだら、型ごと密閉袋や密閉容器に入れて冷凍しておくことをすすめます。特に、かびが出やすく、また充分休ませる必要のあるパート・ブリゼやフイユタージュは型に敷き込んでおきましょう。これで、いつでもタルト作りにかかれます。

型ごと密閉袋や密閉容器に入れて冷凍します。それぞれが少し凍れば、重ねても大丈夫です。ただし、冷凍可能といっても長期保存すると生地が劣化します。冷凍したら、1か月以内に使いましょう。

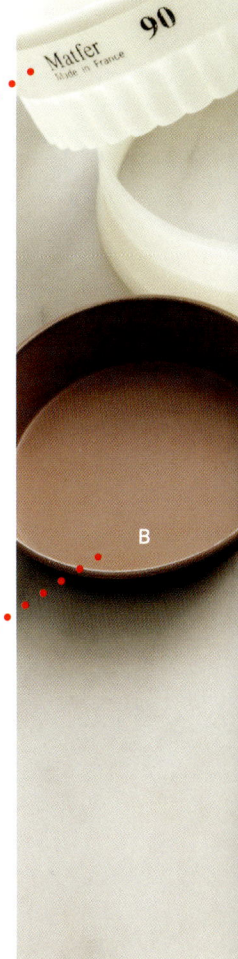

抜き型

抜き型は、底の直径＋(高さ×2)の単純な計算では、大きすぎます。お持ちのタルトレット型に合わせて抜き型を求めましょう。
本書では、使用したタルトレット型に合わせた抜き型の直径を表わしました(p.25参照)。
でも、これはあくまでも目安です。まず、一度抜いて敷き込んでみましょう。
なお、抜き型には縁が平らなものと花びらのようになる菊型があります。

タルトレット型

道具店に行くと迷うほどありますが、いろいろな種類を少量ずつ持つよりも、同じ種類を10個くらいは用意したほうがいいです。
本書では3種類のタルトレット型を用いましたが、必ずしも同じでなくてもかまいません。まず、1種類を求めるならば、直径6.5～7cmの上広がりのもの(写真C)をおすすめします。この形は底生地が敷きやすくとても便利です。

タルト型 パート・シュクレの敷き込み

生地によって、型の準備と敷き方が違います。

敷き込み方の基本はパート・シュクレで説明しましょう。パート・シュクレの生地は、ポリシート（ポリ袋を切り開く）に包んで作業しましょう。割れやすいので気をつけます。

型の準備（パート・シュクレ、パート・ブリゼ共通）

1. やわらかくしたバターを全体にぬり、いったん冷蔵庫で冷やす。
2. 強力粉をふり、型の側面をたたきながらまんべんなくつけ、余分を除く。
3. このように薄く粉がつく状態にする。
   ＊冷蔵庫で冷やすことで、最小限の粉が薄くつく。

◉ ポリシートではさむのは？
パート・シュクレの生地は卵黄でまとめているため、水分が少なくグルテンのつながりがないため割れやすく、移動も難しいです。ポリシートではさめば、のばすのも、移動も楽にできます。四方をきちんと包んでのばすこともでき、厚みも均一にしやすいです。打ち粉もいりません。

◉ 型にふる粉は？
打ち粉と同様に、強力粉です。薄力粉では、型にたくさんついてしまいます。

生地を敷き込む

1
生地のうち約220gをポリシートに包み、めん棒でつぶして、厚さ4mm、直径25cmの円形になるようにのばしていく。

2
角ができたら、いったんシートをあけて生地の四隅を折り、円形になるようにのばしていく。

3
途中、角は手で丸く整えながらのばすといい。

4
めん棒を転がして、円形にのばしていく。

5
かぶせているシートをはがし、下側のシートの下に手を入れてそのまま型にふせてあてる。シートは取り除く。

6
周囲にはみ出ている生地を寄せながら、型の中に落としていく。

7
次に、型から出ている分を底のほうへ押し込みながら、側面に密着させる。側面の厚さは底面よりもやや厚くする。

8
縁からはみでた生地は、型の縁に沿って、ナイフで切る。ナイフを内側から外に向かって、型の縁をすりながら動かす。

9
内側に指をあてて密着させ、同時に切り口の縁を指で整える。

10
底にフォークで平均に空気穴をあける（ピケをする）。

型に敷けたら！
冷蔵庫で20〜30分以上休ませておく。すぐに作らないときは冷凍保存する。

残った生地は？
サブレなどには、新しい生地と混ぜずに、残り生地どうしを合わせますが、タルトの場合は、ひとまとめにして、次の敷き込みに使っていいです。

ピケをするというのは？
フォークの先で空気穴をあけることを「ピケをする」といいます。

タルト型 パート・ブリゼの敷き込み

敷き込み方は、p.21のパート・シュクレと同じですが、べたつきやすい生地なので、打ち粉を少ししてのばします。また、裏返したり、型にのせるときは、めん棒に巻きとって移動させます。打ち粉の余分は必ず払ってください。

型の準備
p.20のパート・シュクレと同様に、バターをぬって、強力粉をふっておく。

生地を敷き込む
初めに、p.21のパート・シュクレの手順①と同様に、約220gの生地をポリシートに包んでめん棒でつぶしていくが、べたつきやすい生地なので、両面打ち粉を少しする。打ち粉をしたら、必ず余分を払うこと。

ポリシートを広げ、べたつくようなら、打ち粉をし、余分を払い、円形にのばしていく。

めん棒に巻きとって裏に返す。

裏にも同様に打ち粉をし、余分を払い、厚さ3mm、直径25cmの円形になるようにのばす。

生地をめん棒に巻きとり、型の上に移動し、そっと広げる（このとき、めん棒を押しつけて生地を切らないように）。

型の上に生地を広げた状態。

これ以降はp.21のパート・シュクレの手順⑥～⑩と同様に型に敷き込む。

型に敷けたら！
縮みやすい生地なので、冷蔵庫で扱いやすい状態になるまで（約1時間以上）休ませるか、できれば一晩おく。かびが出やすいので、すぐに作らないときは冷凍保存する。

打ち粉が必要な生地は？
一般に生地をのばすときに打ち粉は必要、と思われています。パート・シュクレの場合はポリシートにはさんでのばせば、打ち粉の必要はありません。でも、パート・ブリゼやフイユタージュは、打ち粉をしながらのばします。

残った生地は？
p.21のパート・シュクレと同様にひとまとめにして次の敷き込みに使っていいです。

フイユタージュ・ラピッドの敷き込み

生地を作った時点で目的の大きさにのばし、充分休ませた生地を用意して敷き込みましょう。途中、すべりが悪くなれば打ち粉をします。打ち粉をしたら、必ず余分を払いましょう。

型の準備
型離れのいい生地なので、バターをぬるだけでいい。粉はふらない。
バターをぬっておくことで、さらさらした生地が密着し、敷き込みやすくなる。

生地を敷き込む
生地は、充分休ませたものを用意（ここでは直径20cmのタルト型なので、厚さ2〜3mm、25cm角を1枚）。

6 ピケをし、縁は切らずにそのまま冷蔵庫で2〜3時間休ませる。

3 生地をめん棒に巻きとり、型の上に移動し、そっと広げる。

7 使う直前に、縁をナイフで切る（ナイフの扱いはp.21のパート・シュクレの手順⑧参照）。

4 生地をたるませるようにして、底に落とし、立上り部分を側面に密着させる。

1 円形にするために生地の四隅をカットする。

型に敷けたら！
かびが出やすいので、すぐに作らないときは冷凍保存する。

5 型の縁の際ではなく、ややはみ出た状態に残し、余分ははさみでカットする。

2 打ち粉をし、余分を払い、四隅を整えつつ円形にのばす。めん棒に巻きとり、裏返し、同様に打ち粉をして円形にのばす。

残った生地は？
パート・シュクレの残り生地のように無雑作にひとまとめにしてはいけません。
層状の構造をこわさないように周囲が少しずつ重なるように並べ、めん棒でのばして1枚の生地にします。これを縮む力が消えるように休ませてから使います。この残り生地を合わせたものを二番生地といいます。ふくらみ過ぎないことから、特に底生地に向いているため、お菓子屋さんでは二番生地をタルトに使うことが多いです。

タルトレット型 パート・シュクレの敷き込み

小さな型はめんどうのように思われますが、生地も少量ずつなので、意外と手軽にできます。生地の準備や扱いなどはタルト型に準じます（p.21参照）。

型の準備

1 バターを指で型にぬり、冷蔵庫で冷やす。

2 ボウルに強力粉を入れ、①の型で粉をすくい入れ、それを逆さにして、まんべんなく粉をつける。

生地を敷き込む
（直径7.5cmのタルトレット型で）

1 ポリシートにはさんで、生地をのばし、型よりも大きめの直径9cmの菊型で抜く。

2 シートの下から手で押して、生地をはずし、型にかぶせる。

3 竹串で2～3か所穴をあける。これで空気が抜けて、生地が型に入りやすくなる。

4 指先で生地の縁を立てるようにし、少しずつ（だましだまし）生地を落としていく。

5 型を台に強くトントンと打ちつけ、生地をさらに落とす。

6 底と側面の角に竹串で穴をあける（これで空気が抜ける）。

パート・ブリゼの敷き込み

p.22のタルト型の敷き込み同様に打ち粉をして生地をのばします。敷き込みかたはパート・シュクレと同じです。敷き込んだら、縮みやすい生地なので、冷蔵庫で扱いやすい状態になるまで（約1時間以上）休ませるか、できれば一晩おきます。かびが出やすいので、すぐに作らないときは冷凍保存を。

底を密着させ、側面は指で押さえてぴったりと合わせる。

8
最後に竹串で平均にピケをする。

生地が敷けたら！
p.21のタルト型同様20〜30分以上、冷蔵庫で休ませる、または冷凍保存する。

●**縁が平らな抜き型のとき**
抜き型で抜いて敷き込み、縁に添って切る（写真A、B）。ナイフの扱いはp.21のパート・シュクレの手順⑧参照。

フイユタージュ・ラピッドの敷き込み

p.23のタルト型の敷き込み同様で、すでにのばしておいた生地で、パート・シュクレ同様に敷き込みますが、縁の始末はせずに冷蔵庫で2〜3時間休ませます。充分休ませてから、切ります（p.23のタルト型の場合を参照）。この生地はかびが出やすいので、すぐに作らないときは冷凍保存を。

❋ ちょうどいい抜き型の大きさは？

縁を平らにするときは、大きめの抜き型で抜いてナイフで切り落とせますが、縁を花びらのようにしたければ、菊型は合ってないといけません。まず、合うかどうかを確かめましょう。もし、菊型の抜き型が少し小さければ、生地を少し厚めにして抜き、敷き込むときに型の中で、指で押して薄くしていきます。これで縁まで生地が上がってちょうどよくなります。

本書では、パート・シュクレ、パート・ブリゼの場合は、直径7.5cmの型には直径9cmの抜き型、直径6.5cmの型には直径8cmの抜き型、直径5.5cmのポンポネット型には直径7cmの抜き型を基本的に使用しました。
フイユタージュの場合は、充分休ませて冷やして抜けば縮まないが、休ませ方が足りなければ縮むので、一つ抜いて敷き込んでみて抜き型を決めます。

タルトの半焼きは生地によって違います。

タルトのレシピによっては、詰め物をする前に先に生地だけを半焼きにすることがあります。
これをしないと、縁は焼けても、底のほうが生っぽくなってしまうことがあります。先に半焼きしてから、詰め物をして本焼きすれば、底も縁もさくさくと香ばしく焼けます。焼き方は少し色づく程度が目安です。

● パート・シュクレの半焼き

半焼きしたもの　　重しなしで焼く

そのまま焼き縮みしないので、重しなしで、そのまま中温（約170〜180℃）のオーブンに入れ、色づく程度に焼く（約15分）。

● パート・ブリゼの半焼き

半焼きしたもの　　アルミ箔で重しをする

そのままで焼くと、焼き縮みが生じるので重しをする。型よりも大きめのアルミ箔を用意し、バターをぬってから、薄く強力粉をふって、この面をよく冷えた生地に密着させ、縁までしっかりおおう。パート・シュクレよりも低めの高温（約190℃）のオーブンで焼き（約15分）、アルミ箔はそっとはずす。

● フイユタージュ・ラピッドの半焼き

半焼きしたもの　　アルミ箔を敷いた上に重しの石をのせる

焼き縮みもし、そのままでは生地がふくれて詰め物ができなくなるので、必ず重しをする。パート・ブリゼと同様にアルミ箔を密着させ、さらに上に重し用の石（豆や米でもいい）を敷き詰め、高温（約200℃）のオーブンで焼くが、他の生地よりも火通りが悪く、時間がかかるので様子を見ながら焼く（約20分）。途中のアルミ箔を持ち上げてみて、縁が色づきはじめても、底の部分が透き通っているようなら、まだ。底に色がついていなくても、表面が白っぽく乾いているようなら、半焼き完成。

さあ、作りましょう！

甘いタルトは→p.28〜73、86
塩味のタルトは→p.74〜83

タルト作りの第一歩はアーモンドクリームで作りましょう。

タルトを作るうえで欠かせないのがアーモンドクリームです。作り方も簡単で、どんな生地とも相性がよく、バリエーションがいろいろに楽しめる、とても応用範囲の広いクリームです。まず、タルト作りの第一歩として、アーモンドクリームで作るタルトレットとタルトから紹介しましょう。

基本のアーモンドクリームの作り方→ p.31

アーモンドクリームをたっぷり詰めた
アマンディーヌ

フランスのタルトの代表格といえば、p.5で紹介したアマンディーヌです。これはそのタルトレット版。タルト同様にアーモンドクリームをたっぷり詰めてシンプルに焼き上げ、あんずジャムをつやよくぬり、スライスアーモンドを散らしました。焼く前にアーモンドを散らして焼いたり、粉砂糖をかけて仕上げてもいいです。
底生地にはパート・シュクレを使うことが多いのですがp.8のようにパート・ブリゼやフイユタージュで作って、それぞれの違った食感を楽しまれてもいいでしょう。

アマンディーヌの作り方→p.30

アマンディーヌ（タルト）

材料（直径20cmのタルト型1台分）
パート・シュクレ（p.12）　約220g
アーモンドクリーム
　右記のタルトレットの2倍量
あんずジャム　適宜
スライスアーモンド　適宜

生地の準備

1　p.20〜21を参照し、生地を型に敷き込む。

2　p.26を参照し、半焼きする。

3　②が温かいうちに、あんずジャム（かたければ電子レンジでゆるめる）を底全体にぬる（写真A）。

クリームを詰める〜焼く

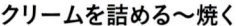

4　p.31を参照して、アーモンドクリームを作り、③の型の中央に全部入れ（縁をよごさないように）、へらで広げる。この時、回転台にのせ、へらをあてて回転させると広げやすい（写真B）。

5　全体に広げたら、型ごと台の上でトントンと打ちつけて、すきまをなくす。表面を平らにし、中温（170〜180℃）のオーブンで焼き上げる（約25分）。いい焼き色がついて真ん中がふくらめば焼上りの目安。

6　焼けたら、すぐにタルトの底よりも小さめの高さのある器にのせる。のせると自然に型の外枠がはずれる（写真C、D）。

7　仕上げはタルトレットと同様に、あんずジャムをぬり、ローストしたスライスアーモンドを全体に散らす。充分冷めてから、底板をそっとはずす。

アマンディーヌ（タルトレット）

材料（直径6.5cmのタルトレット型8〜9個分）
パート・シュクレ（p.12）　約200g
アーモンドクリーム
　┌バター（食塩不使用）　50g
　│粉砂糖　50g
　│卵　1個（正味約50g）
　│アーモンドパウダー　70g
　│レモンの皮のすりおろし　少々
　└レモン汁　大さじ1
あんずジャム　適宜
スライスアーモンド　適宜

生地の準備

1　p.24を参照し、生地を直径8cmの抜き型で抜き、型に敷き込む。

クリームを詰める〜焼く

2　p.31を参照し、アーモンドクリームを作り、大きめの丸口金を使って、敷き込んだ型に8分目まで、絞り入れる（写真A、B）。

3　中温（170〜180℃）のオーブンで焼き上げる（15〜20分）。

4　熱いうちに、型からはずす。軍手を使うといい（写真C、D）。

5　スライスアーモンドを軽くローストする。

6　あんずジャム（かたいようなら電子レンジでゆるめる）をぬり（写真E）、⑤のアーモンドを2〜3個散らす。

基本のアーモンドクリームの作り方

基本の配合はバター、粉砂糖、アーモンドパウダー、卵すべてが同量で、これに風味づけとして、バニラ、レモンの皮、レモン汁、ラム酒などの副材料を好みで加えます。

作り方は簡単で、材料をすべて混ぜるだけですが、卵だけを先に加えると、バターと分離することがあります。必ず、アーモンドパウダーと卵を交互に少しずつ加えましょう。

基本の配合は、かなりねっとりした食感に焼き上がるので、ふっくらさせたいときは、アーモンドパウダーを1〜2割増やしたり、薄力粉を少量加えた配合にします。本書のレシピでは、薄力粉を入れたものは「粉入り」と表わしました。

作ってからすぐに使えますが、可能ならば半日以上おきましょう。アーモンドパウダーが卵の水分を吸い、落ち着きます。冷蔵庫で数日保存が可能なので、あらかじめ作っておくといいでしょう。

●ヘーゼルナッツやくるみの粉のクリームもできます

アーモンドパウダーをヘーゼルナッツやくるみの粉に替えると、味のバリエーションが楽しめます。作り方の手順は同じです（p.36参照）。

基本材料（でき上り約200g）
バター（食塩不使用） 50g
粉砂糖 50g
卵 1個（正味約50g）
アーモンドパウダー 50g
好みの副材料 適宜

1 やわらかくしたバターをボウルに入れ、泡立て器でさらにクリーム状にする。
ここに粉砂糖を2〜3回に分けて加え、よく混ぜ合わせる。

2 卵をときほぐし、アーモンドパウダーと交互に3〜4回に分けて加え、加えるたびによく混ぜ合わせる（写真A、B）。好みの副材料を加え、混ぜる。
＊粉入りの場合は、①のバターと砂糖を混ぜたあとに粉を加え混ぜる。

卵とアーモンドパウダーは交互に入れる！

●あんずジャムの作り方

お菓子作りにかかせないジャム類。特に手作りのあんずのジャムのおいしさは格別です。あんずの季節は短いので見かけたら作っておきましょう。
ここで紹介するのは、お菓子作り用に砂糖をたっぷり加え、しっかり煮つめたものです。

材料
あんず 500g
グラニュー糖 400g

1 あんずは洗い、へたを除く。皮はむかない。ナイフで半割りにし、種を除くが、香りづけ用に数個残しておく。

2 あんずを鍋に入れ、弱めの中火にかけ、へらでつぶしながら水分が出てくずれるのを待つ。なかなか煮くずれなければ、水少々を加える。

3 水分が出て全体がくずれたところで、なめらかに仕上げたければ網を通す。ストレーナーに入れて、へらでこすればほんの少し繊維が残るだけで簡単にこせる。

4 再び鍋に戻し、煮立ったところで、グラニュー糖と残しておいた種を加え、焦げつかないようにへらで絶えず鍋底をすりながら煮つめる。冷めるとさらにかたくなるので煮つめ具合には気をつける。

アマンディーヌのバリエーション
プルーンのタルトレット

フイユタージュで作ったプルーン入りのアマンディーヌです。型からはみでた底生地を切り落とさずに、内側に曲げて飾りにして焼き上げました。これはフイユタージュの生地だからこそできることです。トッピングはナッツとあられ糖です。いずれも水分の出る材料ではないので日が経ってもおいしくいただけます。生地が湿っぽくなったら、オーブンで温め直してください。サクッとした食感が戻ります。

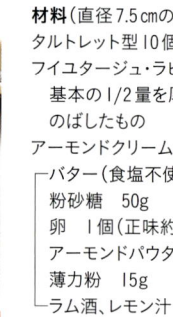

材料（直径7.5cmのタルトレット型10個分）
フイユタージュ・ラピッド（p.16）
　基本の1/2量を厚さ2mmにのばしたもの
アーモンドクリーム（粉入り）
　┌バター（食塩不使用）　50g
　│粉砂糖　50g
　│卵　1個（正味約50g）
　│アーモンドパウダー　50g
　│薄力粉　15g
　└ラム酒、レモン汁　各小さじ2
プルーン　20粒
飾り用ヘーゼルナッツ　30粒
飾り用あられ糖　適宜

生地の準備

1　p.25を参照し、ここでは生地を直径10cmの抜き型で抜き、型に敷き込むが、生地の端は切らずにはみだしたままにしておく。

クリームを詰める〜焼く

2　p.31を参照し、粉を加えたアーモンドクリームを作って、最後にラム酒とレモン汁を加え混ぜる。

3　丸口金をつけた絞出し袋に②を入れ、タルトレット型に薄く広げて入れる。

4　プルーンを指で平らにして、2個のせる（写真A）。その上にアーモンドクリームを重ねる（写真B）。

5　半割りにしたヘーゼルナッツとあられ糖をのせて、生地の端を内側に曲げる（写真C）。

6　高めの中温（180〜190℃）のオーブンで焼き上げる（20〜25分）。

グラスロワイヤルをぬって タルトレット コンヴェルサシオン

古くから作られているちょっと手間のかかるコンヴェルサシオン（下記参照）というお菓子があります。これは一手間省いてパート・シュクレの生地を使ってタルトレットにしたものです。クリームを詰めるまではアマンディーヌと同じですが、グラスロワイヤルをぬって焼き上げます。表面がカルメ焼きのようなカリッとした食感になり、底生地にぬったマーマレードのさわやかな酸味ともよく合います。

材料（直径6.5cmのタルトレット型10個分）
パート・シュクレ(p.12)　約220g
アーモンドクリーム
　├ バター（食塩不使用）　50g
　├ 粉砂糖　50g
　├ 卵　1個（正味約50g）
　├ アーモンドパウダー　70g
　└ レモンの皮のすりおろし　少々
夏みかんのマーマレード　120g
グラスロワイヤル
　├ 粉砂糖　約80g
　├ 卵白　約20g
　└ 薄力粉　小さじ1/4
飾り用松の実　適宜

＊10個分でアーモンドクリームはこの約半分強使う。

生地の準備
1　p.24を参照し、生地を直径8cmの菊型で抜き、型に敷き込む。

クリームを詰める〜焼く
2　グラスロワイヤルを作る。器に卵白を入れ、粉砂糖を加えて、なめらかに混ぜ、薄力粉を加え混ぜる。かたければ卵白を、ゆるければ粉砂糖を少量加えて調節する。

3　p.31を参照してアーモンドクリームを作る。風味づけにレモンの皮少々を加える。

4　①の底にマーマレードを敷いて、③のアーモンドクリームを絞り込む。あとでグラスロワイヤルを流すので控えめにする（写真A）。

5　型を台にトントンと打ちつけ、表面を平らにする（写真B）。

6　グラスロワイヤルを⑤の上に流すようにのせる（写真C）。

7　松の実を表面にのせ（写真D）、20分ほどおいて表面が少し乾いてから、中温（170〜180℃）のオーブンで焼き上げる（15〜20分）。

8　グラスロワイヤルはこわれやすいので、逆さにせず、ナイフの先などで底を持ち上げてはずす（写真E）。

コンヴェルサシオンって？
コンヴェルサシオンというのは、フランス語で「会話」という意味です。フランスでは話をすることを、左右の人さし指を交差させて表現しますが、そこからきたデザインかもしれません。もともとはフイユタージュにアーモンドクリームを詰め、ふたをして上面にグラスロワイヤルをぬり、細い帯状にした生地を格子柄にかけて焼き上げます。グラスロワイヤルに焼き色がつき、周囲がカルメ焼きのように持ち上がり、個性的な味にでき上がります。

コーヒー風味のアーモンドクリームで アマンディーヌ オ カフェ

これもアマンディーヌのバリエーションです。底生地をココア入りのパート・シュクレにし、アーモンドクリームはコーヒー風味にして焼き上げ、ミルクチョコレートで仕上げました。とても濃厚そうですが、ほろっとした食感の上等なタルトレットです。このように、生地やクリームの変化が簡単にできますから、好みで工夫されるといいでしょう。

生地の準備

1 ココア入りのパート・シュクレを作る。ココアを茶こしなどの目の細かい網を通して粉と合わせておき、p.12を参照して生地を作る。このうち約220gをここでは使用。

2 p.24を参照し、生地を直径7cmの菊型で抜き、型に敷き込む（写真A）。

クリームを詰める〜焼く

3 p.31を参照してAでアーモンドクリームを作り、Bのラム酒で溶いたインスタントコーヒーを加え混ぜる（写真B）。

4 型に③のクリームを8分目まで詰め（写真C）、中温（170〜180℃）のオーブンで焼き上げ（15〜20分）、充分冷ましておく。

チョコレートをかけて仕上げ

5 チョコレートの温度調節をする。チョコレートをボウルに入れ、50〜60℃の湯せんでとかす。

6 ⑤のボウルの底を水に当て、へらで絶えず底をすりながら温度を下げる。
この間、湯せんの鍋は火にかけて熱湯にしておく。初めはボウルの底が見えている（写真D）。温度が下がってくると、へらを動かすと底に薄くチョコレートがついた状態になる（写真E）。すかさず熱い湯にボウルの底をほんの一瞬つける（写真F）。これでチョコレートがいい状態になる。

7 タルトレットをしっかりつまみ、逆さにして、上面にチョコレートをつけ（写真G）、飾りのチョコレートを1個のせる（写真H）。1個つけるたびに⑥のチョコレートの表面をひと混ぜすること。

＊チョコレートの温度が下がり、とろみが強くなったら、ボウルの底を一瞬熱湯に当てて、いい状態にすること。

材料（直径5.5cmのポンポネット型約10個分）
ココア入りパート・シュクレ＊　約220g
コーヒー風味のアーモンドクリーム
A ┌ バター　50g
　├ 粉砂糖　50g
　├ 卵　1個（正味約50g）
　└ アーモンドパウダー　60g
B ┌ ラム酒　大さじ1
　└ インスタントコーヒー　大さじ1
クーベルチュール
　チョコレートのミルク（刻む）　200g
飾り用コーヒー豆形の
　チョコレート　10個

＊ココア入りパート・シュクレは、p.12の基本のパート・シュクレの材料のうち、薄力粉を170gにし、ココア30gを用意する。

チョコレートの温度調節は必要？

チョコレートはとかしただけでは、なかなかかたまらず、また、つやよく安定した状態にかたまりません。表面が白くなってしまったり、冷蔵庫に入れて冷やしても、見た目はかたまったようでも、冷蔵庫から出したとたんに指でさわっただけでとけてしまいます。そのため、温度調節（テンパリング）は必要です。

ヘーゼルナッツに替えて タルトレット ア ラ バナーヌ

ヘーゼルナッツで作ると、個性の強いコクのあるクリームになります。軽い食感のフイユタージュの生地に詰めて、バナナをのせました。手頃で平凡に思われるバナナですが、焼き上げると香り高く変身してくれます。

生地の準備

1 p.25を参照し、生地を直径9cmの菊型で抜いて、型に敷き込む。

クリームを詰める〜焼く

2 ヘーゼルナッツクリームを作る。p.31のアーモンドクリームを参照し、アーモンドパウダーをヘーゼルナッツの粉末に替えて作り、最後にラム酒漬けレーズンを加え混ぜる。

3 口金をつけない絞出し袋に②のクリームを入れ、①に平らに絞り入れる(写真A)。バナナを2cm厚さの輪切りにし、3個ずつ埋めるように並べ、とかしバターをぬる(写真B)。

4 あられ糖を散らし、高めの中温(180〜190℃)のオーブンで焼き上げる(20〜25分)。

材料(直径7.5cmのタルトレット型9個分)

フイユタージュ・ラピッド(p.16)
　基本の1/2量を厚さ2mmにのばしたもの
ヘーゼルナッツクリーム
　┌バター(食塩不使用)　50g
　│粉砂糖　50g
　│卵　1個(正味約50g)
　│ヘーゼルナッツの粉末　60g
　└バニラエキストラ　少々
ラム酒漬けレーズン　60g
バナナ　5〜6本
とかしバター(食塩不使用)　少々
あられ糖　適宜

くるみに替えて タルトレット オ ノワ

アーモンドパウダーではなく、くるみの粉で作ったクリームを詰め、くるみと相性のいいキャラメルで仕上げました。底生地はアーモンド入りです。くるみの粉は市販のものもありますが、手軽なくるみを粉砕して作る方法を紹介しましょう。くるみは油分が多いので粉砂糖と一緒に粉砕します。こうすることで、べたつかず具合よくいきます。配合に薄力粉を加えているのも、べたっと重くなりすぎるのを防ぐためです。仕上げは、焼きっぱなしでも構いません。

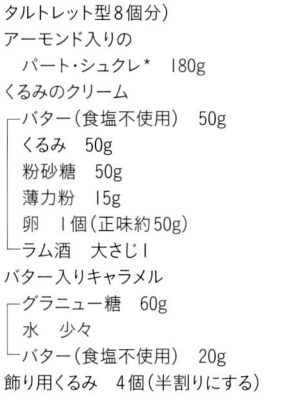

材料（直径6.5cmのタルトレット型8個分）
- アーモンド入りのパート・シュクレ* 180g
- くるみのクリーム
  - バター（食塩不使用） 50g
  - くるみ 50g
  - 粉砂糖 50g
  - 薄力粉 15g
  - 卵 1個（正味約50g）
  - ラム酒 大さじ1
- バター入りキャラメル
  - グラニュー糖 60g
  - 水 少々
  - バター（食塩不使用） 20g
- 飾り用くるみ 4個（半割りにする）

*アーモンド入りのパート・シュクレは、p.12のパート・シュクレの材料の薄力粉を170gにし、アーモンドパウダー50gを用意する。

生地の準備

1　p.12を参照してアーモンド入りのパート・シュクレを作る。アーモンドパウダーは、手順の③の粉を加える前に入れる。ほかは同じ。このうち約160gをここでは使用する。

2　p.24を参照し、生地を直径8cmの抜き型で抜いて、型に敷き込む。

クリームを詰める～焼く

3　くるみのクリームを作る。くるみと粉砂糖をフードプロセッサーで砕き、粉と合わせる（写真A、B）。

4　p.31のアーモンドクリームと同様に、やわらかくしたバターにといた卵と③を交互に加え混ぜ、ラム酒を加える。

5　④を型に絞り入れ、中温（170～180℃）のオーブンで焼き上げる（15～20分）。

キャラメルで仕上げ

6　バター入りキャラメルを作る。深い小鍋に砂糖を入れ、水を振りかけ、中火にかける。へらで混ぜたりしないこと。

7　しばらくすると砂糖が溶けはじめる。半分ほど溶けて色づきはじめてきたら、鍋をゆすり全体を溶かす（まだへらは使わない）。薄煙りが立ち、全体が色づきはじめたら、火からはずし、ゆすりながら余熱で頃合いのキャラメルにする。

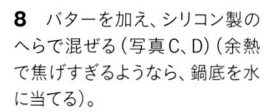

8　バターを加え、シリコン製のへらで混ぜる（写真C、D）（余熱で焦げすぎるようなら、鍋底を水に当てる）。

9　先のとがった小型のナイフを⑤の底に少し斜めに深く刺し、⑧のキャラメルに上面だけ浸す（写真E）。表面がかたまらないうちに、くるみをのせる。

*キャラメルが冷めてきたら、弱火にかけてゆるめる。残ったら、オーブンシートに流してかため、割ってキャンディにしてもいい。

松の実のタルトレット
バターを生クリームに替えて

アーモンドクリームの配合のバターを生クリームに替えることもできます。バターで作るよりも軽い口当りになります。上面にのせたのは、松の実を香ばしくキャラメリゼしたものです。

材料（直径5.5cmのポンポネット型10個分）
パート・シュクレ（p.12）　約220g
アパレイユ
┌ アーモンドパウダー　50g
│ 粉砂糖　50g
│ 卵　1個（正味50g）
│ 生クリーム　50g
└ レモンの皮のすりおろし　1/2個
松の実のキャラメリゼ
┌ 松の実　50g
│ シロップ
│ ┌ 水　50g
│ └ グラニュー糖　50g
仕上げ用
　あんずジャム、粉砂糖　各適宜

生地の準備
1 p.24を参照し、生地を直径7cmの抜き型で抜いて、型に敷き込む。

松の実のキャラメリゼを作る
2 天板にオーブンシートを敷いておく。

3 シロップの材料を小鍋に入れて煮立たせ、松の実を入れて1分ほど煮る（写真A）。網を通してシロップをきり、②の天板に広げ（写真B、C）、150〜160℃のオーブンに入れる。ときどき取り出してへらで混ぜ、均一に色をつける（写真D）。前もって作っておく場合はしけないように保存しておくこと。

アパレイユを詰める〜焼く
4 アパレイユを作る。アーモンドパウダーと粉砂糖をボウルの中でよく合わせたところに、ときほぐした卵、生クリームを加えてなめらかにし、レモンの皮を加え、均一に混ぜる。

5 ①に④のアパレイユを8分目くらいまで流し入れ（写真E）、中温（170〜180℃）のオーブンで焼き上げる（15〜20分）。

松の実で仕上げ
6 焼き上がったら、あんずジャム（かたいようなら電子レンジでゆるめる）を上面に薄くぬり、③の松の実を上面につける（写真F）。このままでもいいが、でき上りの写真のように粉砂糖をふりかけて仕上げる。

アパレイユというのは？
フランス語で料理やお菓子を作る際の複数の材料を合わせた種や生地のことをいいます。

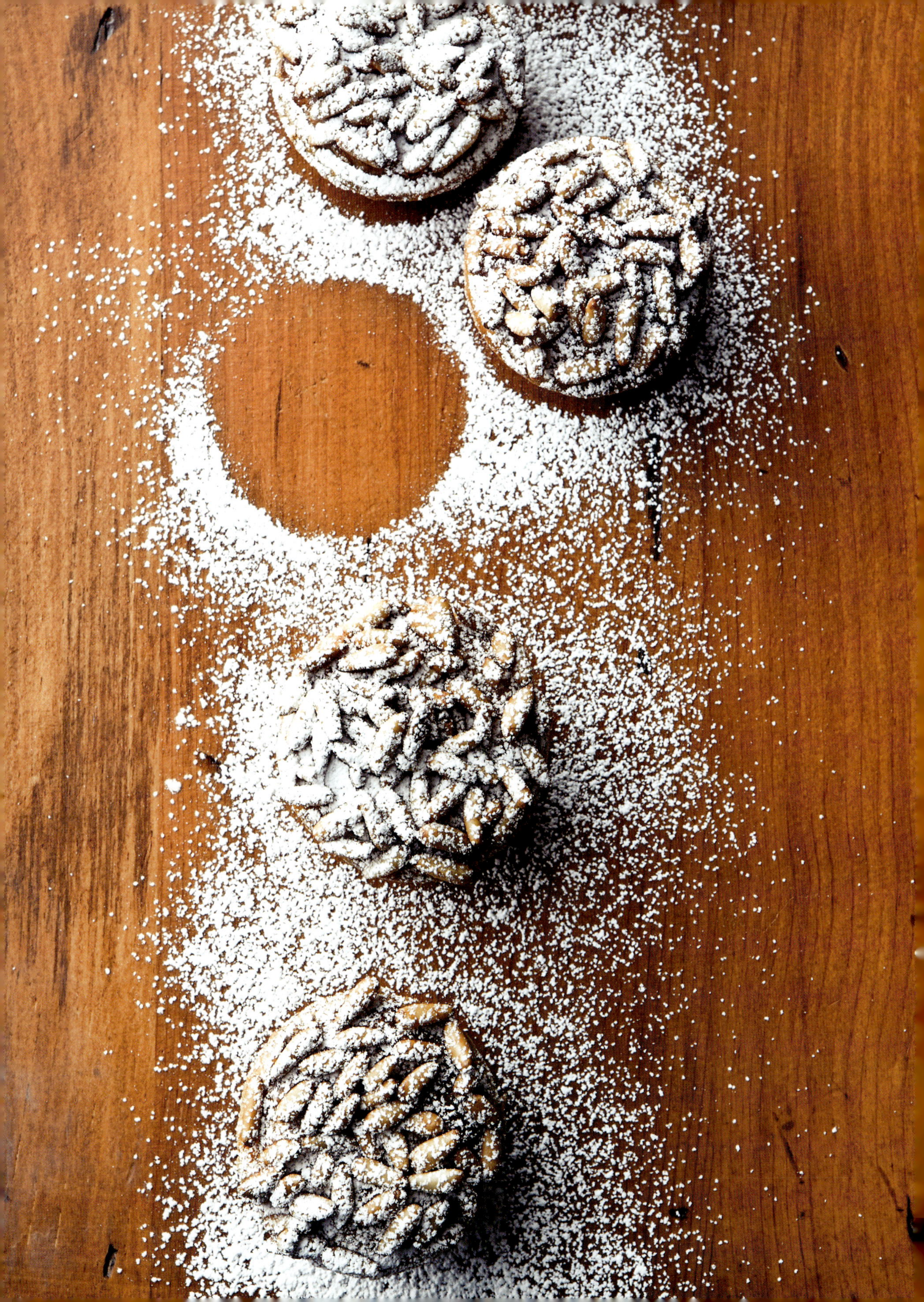

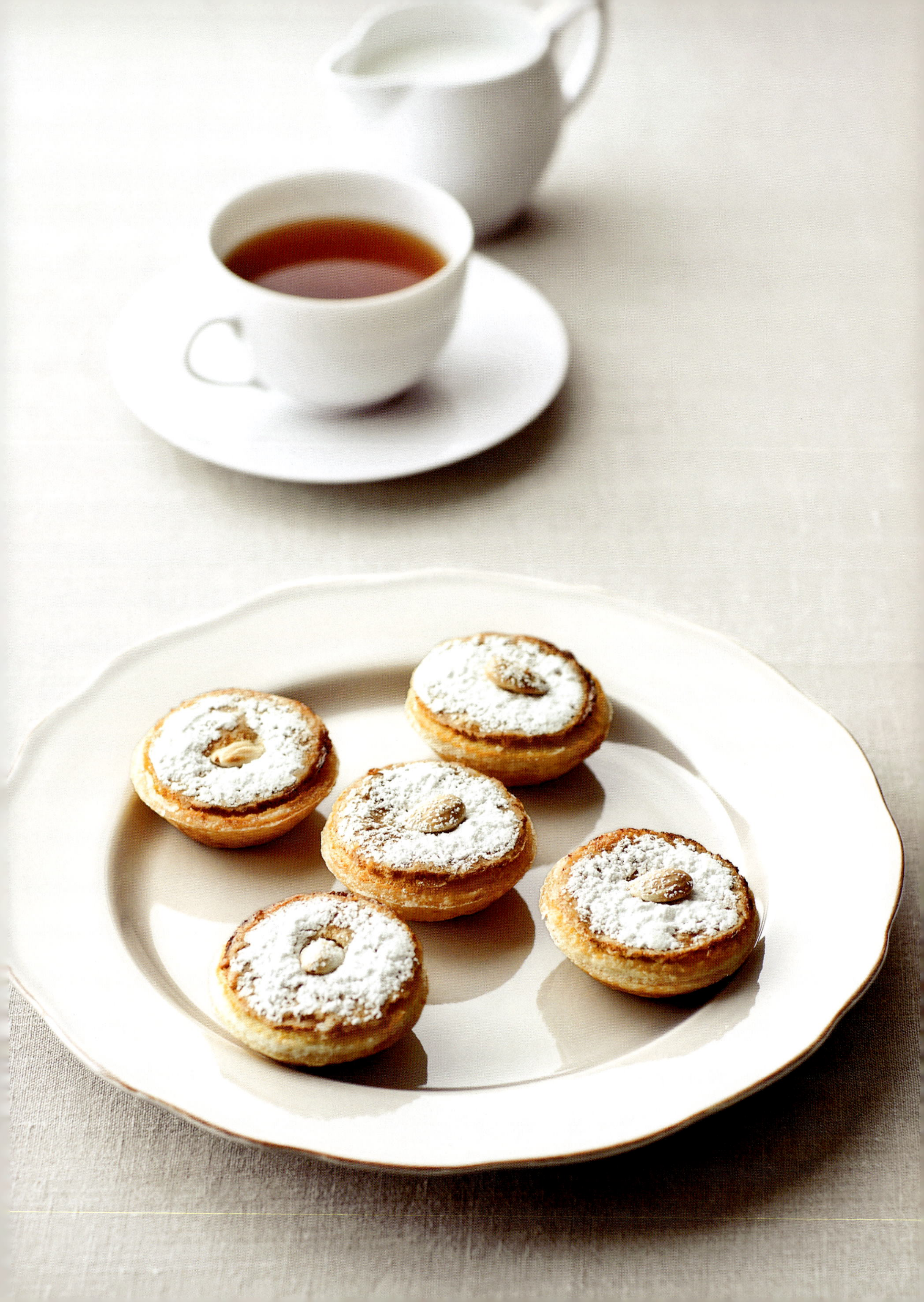

卵の多いクリームで ミルリトン

ミルリトンもとてもポピュラーなタルトレットで、ピカルディやノルマンディなどフランスの各地で見かけ、地域によって少しずつ違うミルリトンがあります。ここで紹介するのは、中に詰めるアパレイユはアーモンドクリームの材料と同じですが、卵を多くしたもので、とても軽く仕上がります。焼く前にたっぷりと粉砂糖をかけて焼きましょう。粉砂糖がふた代りになって、中はふっくらと焼き上がります。

材料（直径6.5cmのタルトレット型11個分）
フイユタージュ・ラピッド（p.16）
　基本の1/2量を厚さ2mmにのばしたもの
アパレイユ
　┌ アーモンドパウダー　50g
　│ 粉砂糖　50g
　│ 卵　2個（正味100g）
　│ レモンの皮のすりおろし　少々
　│ オレンジのリキュール　小さじ2
　└ とかしバター（食塩不使用）　40g
表面用粉砂糖　適宜
飾り用粒アーモンド　11粒

生地の準備
1　p.25を参照し、生地を直径8cmの抜き型で抜いて型に敷き込む。

アパレイユを詰める
2　飾り用アーモンドの皮をむく。小鍋に熱湯を用意して火から下ろし、皮つきのアーモンドを入れる。冷めると皮がつるっとむける。水気をきり、乾かしておく。

3　アパレイユを作る。アーモンドパウダーと粉砂糖をボウルに入れて、よく合わせ、ここにといた卵を加え、混ぜる。レモンの皮、オレンジのリキュールを加え混ぜる。最後にとかしバターを加え、均一な状態に混ぜる。

粉砂糖をふる〜焼く
4　③を①の9分目まで流し入れ、上から粉砂糖を茶こしで、アパレイユが見えなくなるくらいたっぷりとふりかける（写真A、B）。

5　生地の縁についた粉砂糖を指でなぞって払う（写真C）。

6　中央に②のアーモンドを1粒のせ、中温（170〜180℃）のオーブンで焼き上げる（15〜20分）。

7　型からはずすときは、こわれやすいので逆さにせず、ナイフの先などで底を持ち上げてはずす。

りんごのタルト
アーモンドクリーム＋りんごで

フランスで、りんごのタルトというと、酸味のあるりんごをぎっしり詰めて、生地をかぶせ、焼き上がったら逆さにするタルト タタンが有名ですが、これは、ソテーしたりんごをアーモンドクリームに合わせて詰めた、フランス風のアップルタルトです。りんごはできれば紅玉でなければジョナゴールドでも。

材料（直径20cmのタルト型1台分）
パート・シュクレ(p.12) 約220g
基本のアーモンドクリーム(p.31) 約200g
中に入れるりんご
　┌紅玉りんご　正味約300g
　├バター（食塩不使用）　20g
　├グラニュー糖　30g
　└カルバドス（またはブランデー）　大さじ1
上に並べるりんご
　┌紅玉　2個
　└バター（食塩不使用）　適宜
きび砂糖　適宜
とかしバター（食塩不使用）　20g

生地の準備
1 p.20を参照し、型に生地を敷き込み、p.26を参照し、半焼きにする。

クリームを詰める
2 p.31を参照し、アーモンドクリームを作る。

3 中に入れるりんごの用意。りんごの皮と芯を除き、8等分にして、5mm厚さに切る。フライパンを熱して、バターをとかし、りんごを入れて強火で水分が出ないようにソテーする。しんなりとして色づいたら、グラニュー糖を加え、キャラメルっぽくなったら、カルバドスを加えて、火から下ろし、冷ましておく。

4 ③が冷めたら、アーモンドクリームと合わせ、①に詰める（写真A〜C）。

5 型ごとトントンと台に打ちつけて、表面を平らにならす（写真D）。

りんごをのせて焼く
6 上に並べるりんごの用意。りんごは四つ割りにして、皮と芯を除き、1つを5等分にスライスし、計40枚にする。フライパンを熱して、バターをとかし、りんごの両面が薄く色づくようにソテーする。これを⑤の上面に並べ、きび砂糖をふりかけ、とかしバターを散らす（写真E〜G）。

7 中温（170〜180℃）のオーブンで焼き上げる（約30分）。型のはずし方はp.30を参照。

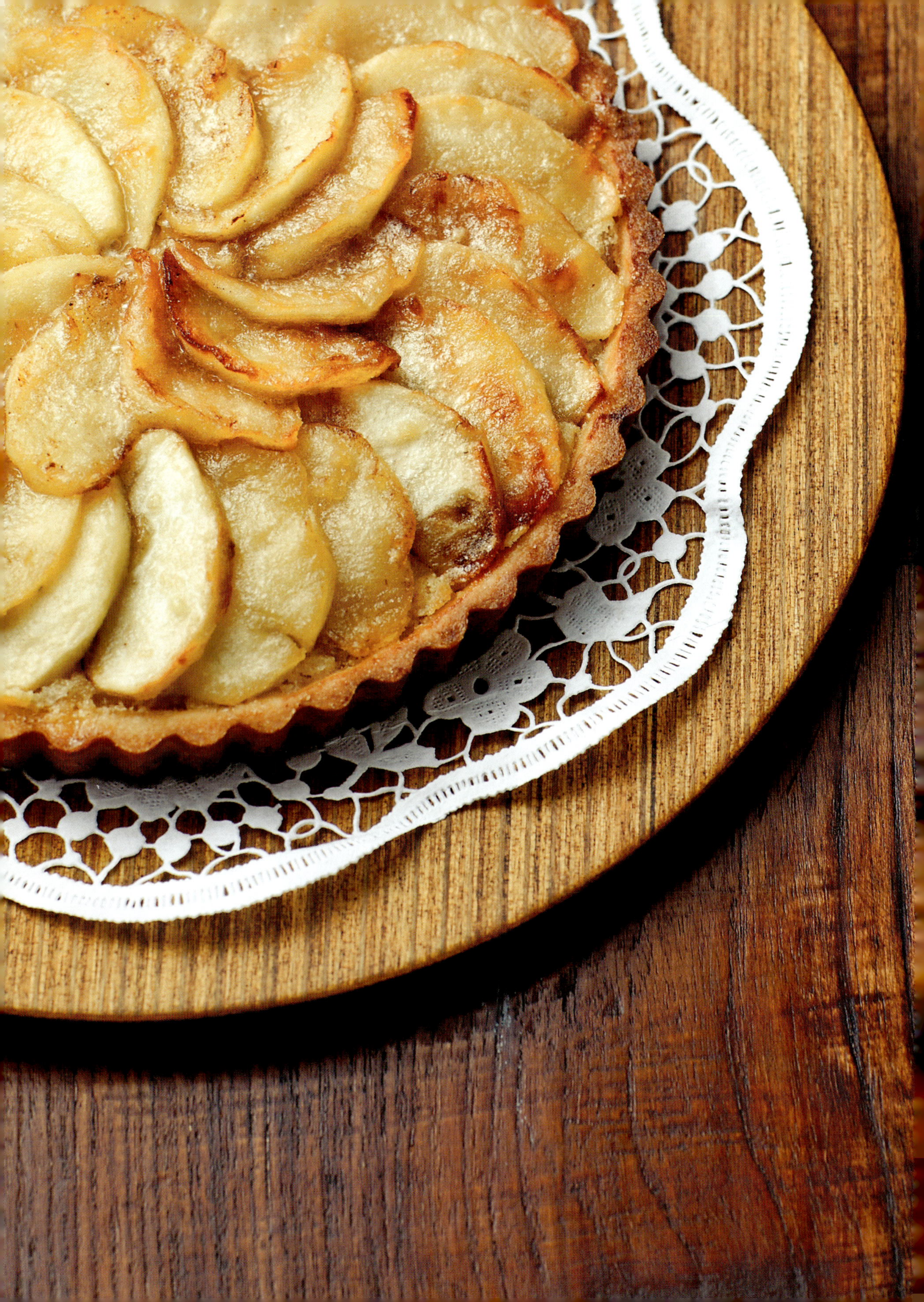

ふたをして焼いて チョコレート入りアーモンドクリームのタルト

大きな月餅のように見えますが、生地でふたをしたタルトです。中に詰めたのはチョコレートを加えたアーモンドクリームで、くるみと松の実も入っています。ふたつきですから、サクッとしたサブレもたっぷりで、ほろっとした焼上りのクリームとともに歯切れのいいリッチな味わいのタルトです。ふたをするので底生地は半焼きしません。ふたなしで作るときは、クリームを詰める前に底生地を半焼きします。

材料（直径20cmのタルト型1台分）
パート・シュクレ（p.12）　約370g
チョコレート入りアーモンドクリーム
　バター（食塩不使用）　50g
　粉砂糖　50g
　卵　1個（正味50g）
　アーモンドパウダー（網を通す）　50g
　ラム酒　大さじ1
　製菓用ダークスイートチョコレート（刻む）　50g
　くるみ　50g
　松の実　30g
接着用卵白　少々
とき卵　適宜

生地の準備
1　p.20を参照し、底生地用約220gで型に生地を敷き込み、冷やしておく。

クリームを詰める
2　チョコレートクリームを作る。p.31を参照し、アーモンドクリームを作り、40℃の湯せんでとかしたチョコレートを一度に加え、均一に混ぜる（写真A）。ここに粗く刻んだくるみと松の実を加え混ぜる（写真B）。

3　よく冷えた①の型の中央に②のクリームを落とし（縁をよごさないように）、へらで広げる。型ごと台の上でトントンと打ちつけて、すきまをなくし、表面を平らにする（写真C）。

ふたをして焼く
4　ふた用に、残りのパート・シュクレ150gをポリシートの間で、型よりも一回り大きく、厚さ約3mm（底よりも薄め）の円形にのばす。

5　③の生地の縁に接着用の卵白をぬり（写真D）、④をポリシートごとかぶせる。一気にかぶせずに片側から空気を抜くようにクリームに密着させていき、そのあと、縁を密着させる（写真E）。

6　縁の部分をポリシートの上から指で押さえて余分の生地を切り落とし、ポリシートをはがす。

7　表面にとき卵をぬり、乾いたら、もう一度ぬる。フォークで斜め格子に模様をつける。さらに、フォークで均一に穴をあける。中温（170～180℃）のオーブンで焼き上げる（35～40分）。

8　p.30と同様にタルトの底よりも小さめの高さのある器にのせて、型の外枠をはずす。底板は冷めてからそっとはずす。

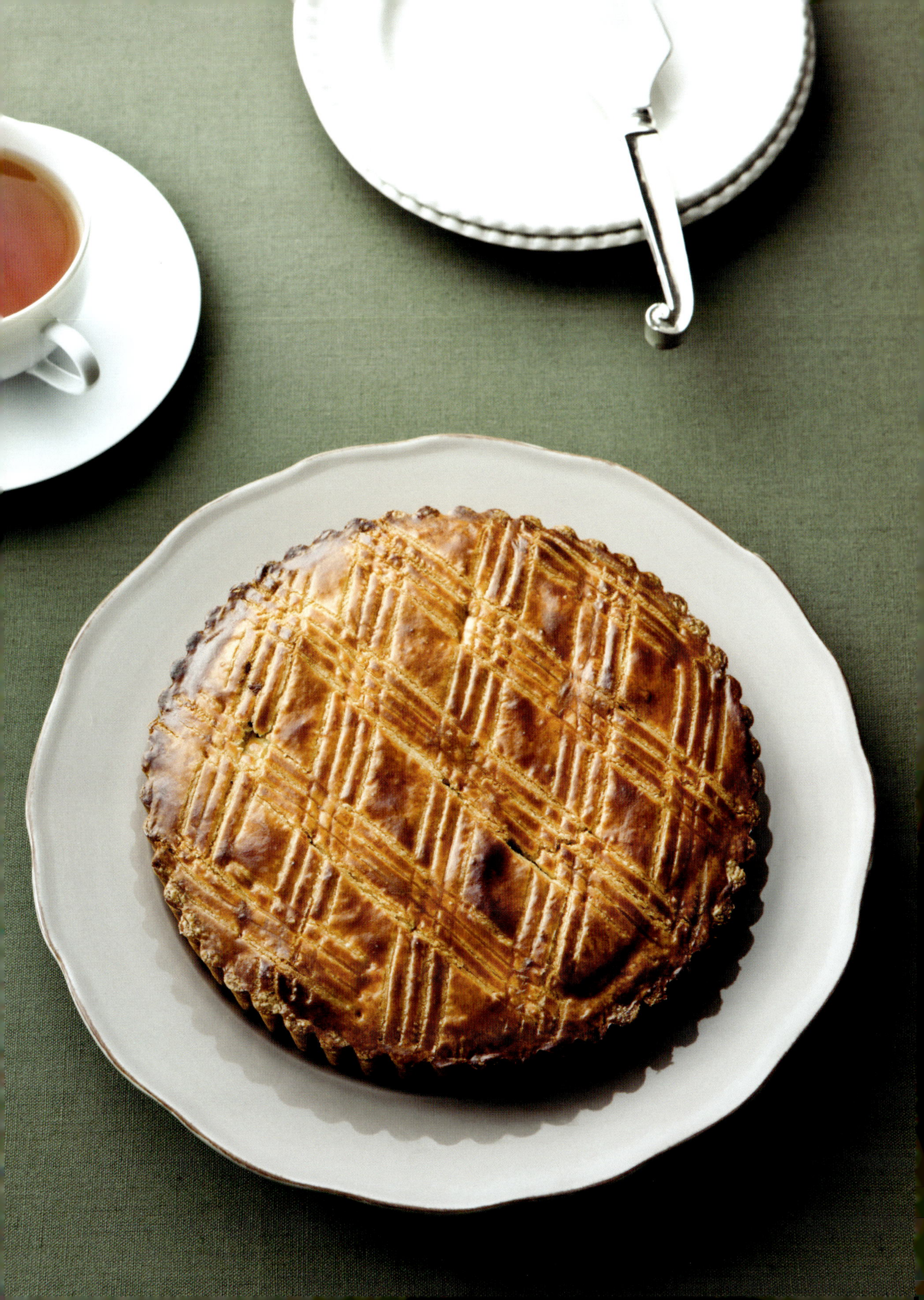

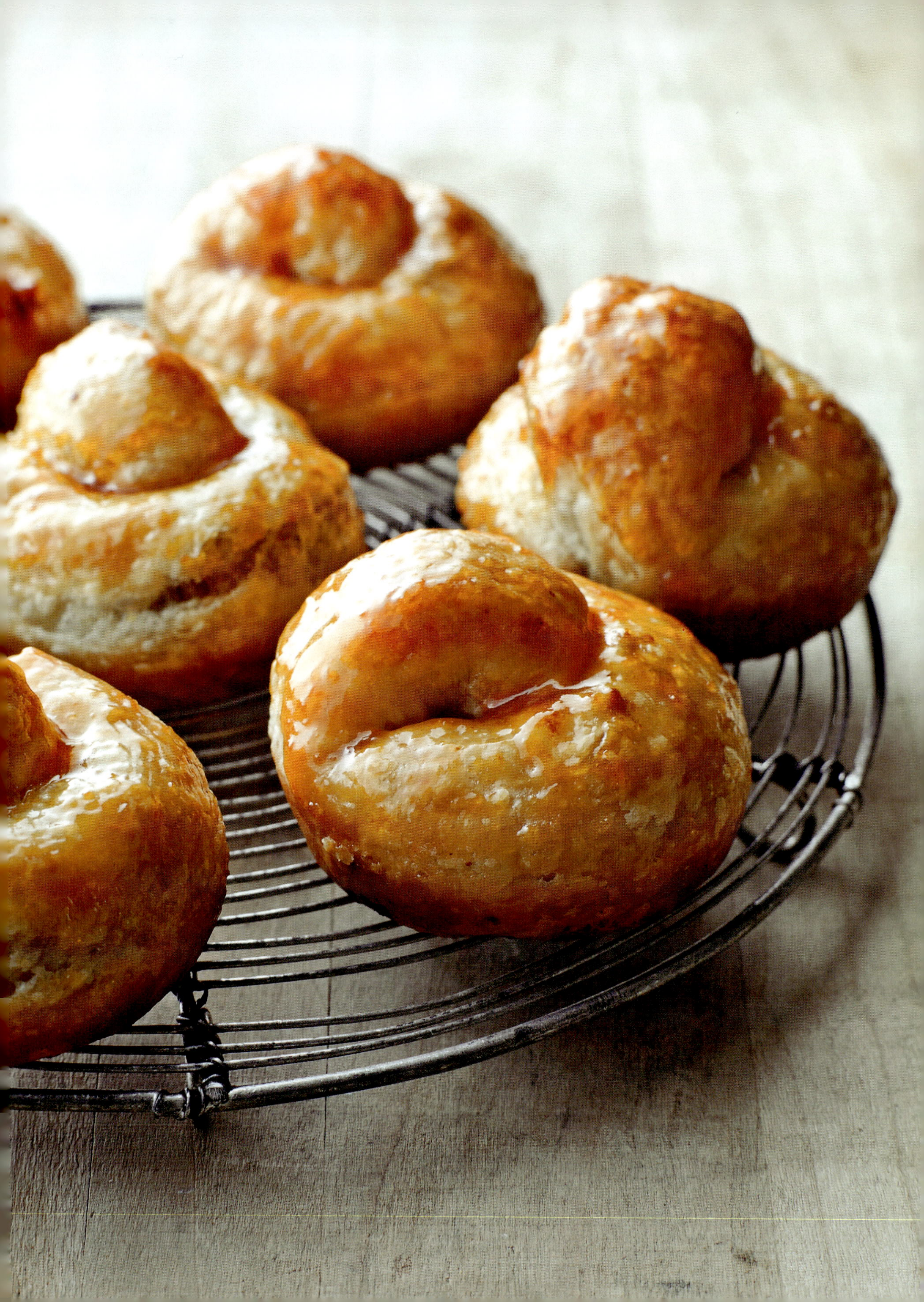

エスカルゴ オ ポム

アーモンドクリームを包んで、くるりと丸めて

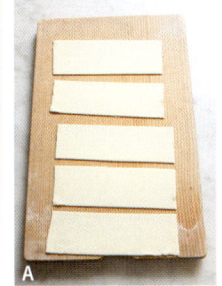

あまり日本では見かけない、かたつむりのような形から名づけられているこのお菓子は、私の師・宮川敏子がスイスで求めた1953年刊の古い本に載っていたもので、好んでよく作っています。オーストリアの銘菓・ストリューデルをタルトレットにしたものと思われます。こういう成形ができるのは、フイユタージュだからこそといえます。

材料（直径7.5cmの
タルトレット型10個分）
フイユタージュ・ラピッド（p.16）
　厚さ2mm、40×35cmを1枚
アーモンドクリーム（粉入り）
┌バター（食塩不使用）　50g
│粉砂糖　50g
│薄力粉　10g
│卵　1個（正味50g）
│アーモンドパウダー　50g
│レモン汁　大さじ1
└カルバドス（またはラム酒）　大さじ1
りんごのソテー
┌紅玉りんご　正味300g
│バター（食塩不使用）　25g
│グラニュー糖　30g
└カルバドス（またはラム酒）　大さじ1
ラム酒漬けレーズン　90g
表面用あんずジャム　適宜

＊アーモンドクリームはこのうちの150gを使う。

生地の準備
1 生地は20×7cmの長方形を10枚用意する（写真A）。タルトレット型にはp.24のようにバターをぬり、粉をはたいておく。

詰め物〜成形〜焼く
2 p.31を参照し、粉を入れたアーモンドクリームを作る。レモン汁、カルバドスは最後に加える。

3 りんごは皮と芯を除き、12等分して、3mm厚さに切る。フライパンを熱して、バターをとかし、りんごを入れて強火で水分が出ないようにソテーする。しんなりとして色づいたら、砂糖を加え、キャラメルっぽくなったら、カルバドスを加え火から下ろし、レーズンを加え混ぜ、冷ましておく。

4 ②のアーモンドクリームを直径6mmの丸口金をつけた絞出し袋に入れ、生地の上下両端はあけて、中心よりも片方によせて縦に絞り出す。その上に③をのせ、さらに上からもクリームを少量絞って重ねる（写真B、C）。

5 生地の両端と巻き終りに接着のための水をぬり、縦に詰め物を包むようにし、とじ目をしっかり止める（写真D）。とじ目が裏側になるように、タルトレット型に外側からくるりと入れ、端を中心の穴に差し込むように成形する（写真E〜G）。

6 高温（約200℃）のオーブンに入れ、途中中温（170〜180℃）に下げて、焼く（約25分）。型からはずしたら、あんずジャム（かたいようなら電子レンジでゆるめる）を表面にぬる。

カスタードクリームも
タルトに欠かせないクリームです。

フランス語でクレームパティシエール（お菓子屋さんのクリーム）と呼ばれるカスタードクリームは、単独で使うだけでなく、アーモンドクリームやバタークリーム、生クリームなどと混ぜて使うこともでき、バリエーションもいろいろに楽しめるクリームです。
すでに煮上げているので、から焼きした底生地に詰めるだけでも簡単に仕上がります。
基本のカスタードクリームの作り方とともに、カスタードクリームで作るタルトとタルトレットを紹介しましょう。

カスタードクリームで作る
フルーツ
タルトレット

底生地にカスタードクリームを詰めてフルーツをのせて作るおなじみのタルトレットを紹介しましょう。缶詰のフルーツとフレッシュないちごでは作り方が少し違います。

基本のカスタードクリームの作り方→p.51

フルーツタルトレットの作り方→p.50

缶詰のフルーツタルトレット

缶詰の場合は、クリームの上にのせてから焼き上げます。こうするとフルーツから焼きが抜け、味がぐんと濃くなります。

生地の準備
1　p.24を参照して、生地を直径9cmの菊型で抜き、型に敷き込む。

クリームを詰める～フルーツをのせて焼く
2　カスタードクリームはp.51を参照して作り、仕上げにリキュールを加える。

3　缶詰のフルーツを網にとり、シロップをきり、さらにキッチンペーパーでシロップをしっかり取る。パイナップルは厚みを半分にスライスし、型に並べやすいように大中小と大きさを切り分ける。洋梨、あんずも並べやすい大きさに切る。

4　①の底にあんずジャム（かたければ電子レンジでゆるめる）をぬり、1cmの丸口金をつけた絞出し袋にカスタードクリームを詰め、型の底に平らになるよう、外側からぐるっと、渦巻き状に絞り入れる（写真A）。

5　フルーツを並べ入れ（写真B）、中温（170～180℃）のオーブンで焼き上げる（約20分）。

6　フルーツがくずれないようにキッチンペーパーなどを当てて、そっと返して型からはずす。電子レンジでゆるめたあんずジャムをぬって仕上げる。

材料（直径7.5cmのタルトレット型10個分）
パート・シュクレ(p.12)　約330g
カスタードクリーム(p.51)　約300g
好みのリキュール　少々
好みのフルーツの缶詰（洋梨、パイナップル、あんずなど）　適宜
あんずジャム　適宜

いちごのタルトレット

いちごは生で食べたいので、先にカスタードクリームを詰めて焼き上げ、冷めてからさらにクリームを足していちごをのせてから仕上げます。

生地を敷き、クリームを詰めて焼く
1　缶詰のフルーツタルトレットの手順①、④を参照し、型に生地を敷き込み、あんずジャムをぬり、カスタードクリームを詰める。中温（170～180℃）のオーブンで焼き上げ（15～18分）、型からはずして冷ましておく。

いちごをのせ、ジュレで仕上げ
2　いちごは、洗わずに刷毛で、うぶ毛や種を払っておく。

3　ジュレを作る。ゼラチンを白ワインでふやかしておく。ラズベリージャムは網を通して種を除いて正味60gにし、湯、リキュール、電子レンジで溶かしたゼラチンを混ぜる。

4　冷めた①にカスタードクリームを薄く平らに絞って足し（写真A）、②のいちごのへたを取って並べる。一度冷蔵庫に入れ、充分冷やす。

5　④のいちごの表面に刷毛でジュレをぬる（写真B）。

材料（直径7.5cmのタルトレット型10個分）
パート・シュクレ(p.12)　約330g
カスタードクリーム(p.51)　約300g
いちご（小）　1個のタルトレットに6～7個用意
ジュレ
├ゼラチン　小さじ1
│白ワイン　大さじ1
│ラズベリージャム　60g（正味）
│湯　20g
└好みのリキュール　小さじ1

ジュレをきれいにぬるには？
いちごが充分冷えていれば、ジュレは流れずにきれいにかかります。
ジュレがゆるいときは、氷水で冷やし、かたいようなら湯に当ててください。

基本のカスタードクリームの作り方

カスタードクリームの作り方で、いちばん大事なことは粉くさくなく、なめらかに煮上げること。そのために、卵黄は、粉っけがなくなるまで煮てから加えます。アーモンドクリームと違って日もちしません。当日に使い切りましょう。

1 ボウルに砂糖と粉を入れてよく混ぜる。

2 準備しておいた牛乳を注ぎ入れ、泡立て器で混ぜ合わせる。

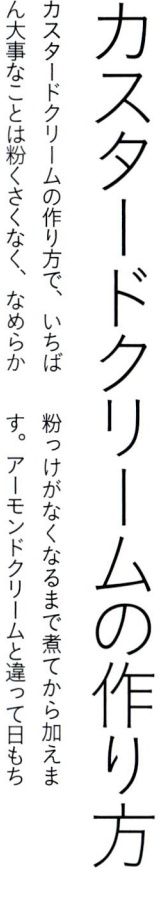

3 網を通して、別のステンレスボウルにこし入れる。

4 ③を中火にかけ、底が焦げつかないように、泡立て器で絶えず混ぜながら煮る。

5 つやが出て粉くさくなくなったら、一度火からはずす。

6 卵黄を一度に加え入れ、手早く混ぜる。

7 すぐに火にかけ、30〜40秒で煮上げる。

8 目的によって、バターとリキュールを加え混ぜ、ラップフィルムでおおって冷ます。使う時点で、なめらかに混ぜる。

砂糖＋粉＋牛乳を粉っけがなくなるまで煮てから卵黄を加えましょう。

材料(でき上り約300g)
牛乳　200g
バニラビーンズ　1/4本
砂糖　50g
薄力粉　25g
卵黄　3個
バター(食塩不使用)、
　リキュールなど　各適宜

準備
・卵黄は水でぬらした器につぶさずに入れておく(乾いた器では、卵黄がくっついてしまう)。
・バニラビーンズはしごき出した種とさやともに牛乳に入れ、弱火で沸かし、50℃くらいに冷ましておく。

バニラビーンズは？
バニラビーンズはナイフで縦にさいて中の種をしごき出します。種だけではなく、さやにも香りがあるので、このレシピでは種とともに使います。

カスタードクリーム+クリームチーズで タルト オ フロマージュ

クリームチーズとカスタードクリームを合わせ、メレンゲを加えたスフレタイプのチーズケーキを紹介しましょう。このお菓子は、私の教室で、長く作っている定番ともいえるものです。底にぬったあんずジャムは目立ちませんが、大切な味のアクセントなので忘れずにぬってください。

材料（直径20cmのタルト型1台分）
- パート・シュクレ（p.12） 約220g
- アパレイユ
  - クリームチーズ 170g
  - カスタードクリーム（p.51） 200g
  - レモンの皮のすりおろし 1/2個分
  - レモン汁 小さじ2
- メレンゲ
  - 卵白 45g
  - 粉砂糖 小さじ2
- あんずジャム 40g

生地の準備
1 p.20～21を参照し、型に生地を敷き込む。p.26を参照して、半焼きし、あんずジャム（かたいようなら電子レンジでゆるめる）を底にぬっておく。

詰め物をする～焼く
2 p.51を参照してカスタードクリームを作り、200g分用意する。

3 クリームチーズを耐熱容器に入れて、電子レンジで少し温かいくらいに温める。これをボウルに移し、泡立て器でなめらかに混ぜる。

4 ②のカスタードクリームを泡立て器でなめらかに攪拌し直し、③に少しずつ加えて均一になるまで混ぜ、レモンの皮、レモン汁を加え混ぜる（写真A、B）。

5 p.61を参照し、別のボウルに、卵白と粉砂糖でしっかりしたメレンゲを作る。まず、1/3量を④に加え、均一になるまで泡立て器で混ぜる（写真C、D）。次に残りのメレンゲを加えるが、こんどは泡をつぶさないように、しかもむらなく混ぜる（写真E）。

6 ①を天板におき、⑤を①に縁を汚さないように流し入れ（写真F）、ゴムべらで平らにならす。

7 表面に霧を吹いて（写真G）、中温（170～180℃）のオーブンで焼き上げる（約25分）。焼上りはメレンゲのおかげでスフレのようにふくらむ（写真H）。型のはずし方はp.30を参照。

＊ふくらみかけたときに、アパレイユと生地がくっついて均一にふくらまないようなときは、途中でナイフの先で切り離してやると、平らにふくらむ。

メレンゲを加えるときの注意点は？
メレンゲは泡をつぶさないようにと、おそるおそる混ぜがちです。メレンゲは2回に分けて加えますが、最初に加える少量のメレンゲはしっかり混ぜてかまいません。残りのメレンゲを加えたら、底からすくい上げながら、ふんわりと全体に合わせてください。

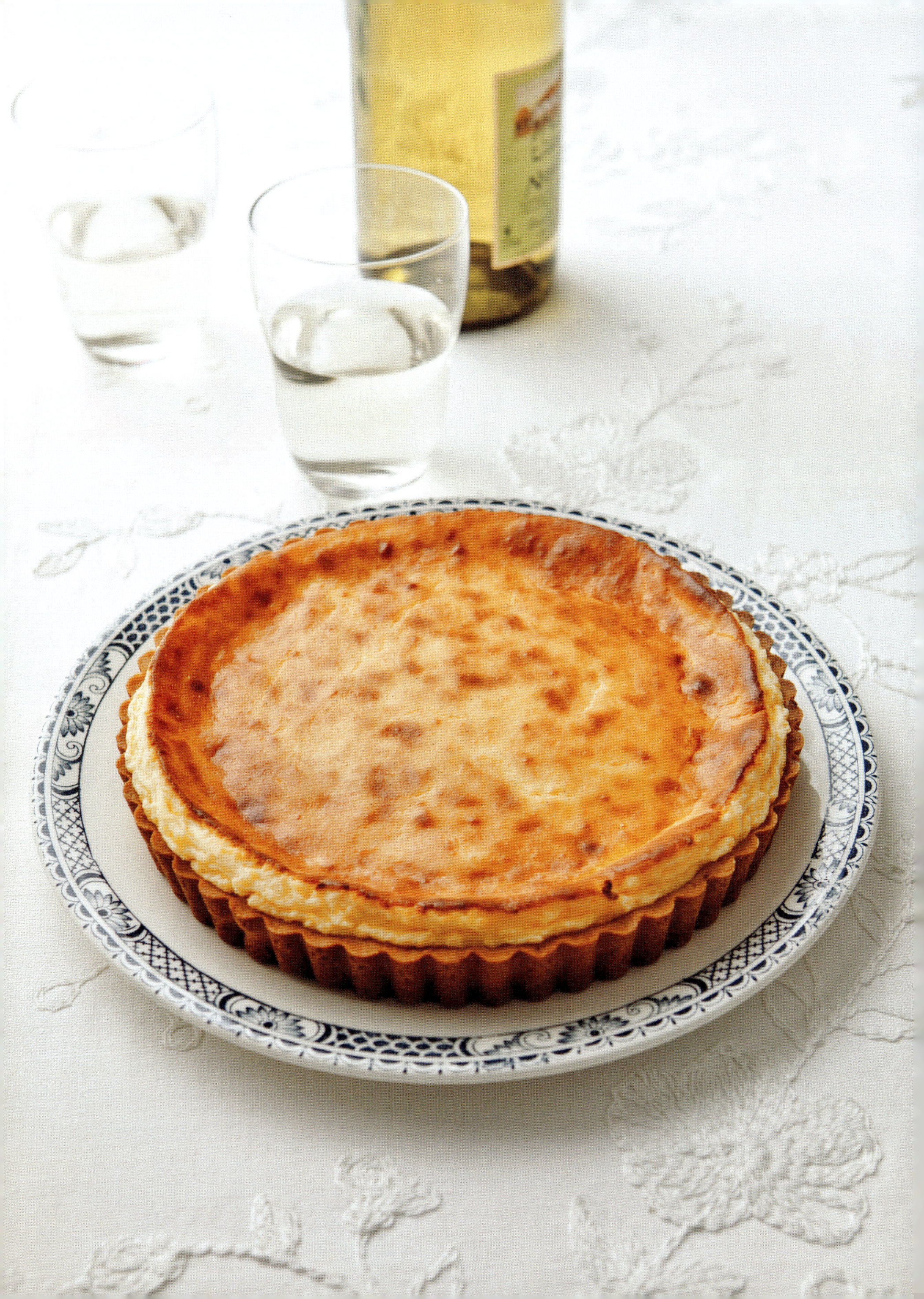

カスタードクリームを包んで トルタ デラ ノンナ

おばあちゃんのお菓子と呼ばれるイタリアの家庭菓子です。通常は円形に作りますが、ここでは、型を使わずに長方形にしました。中にはカスタードクリームをベースに、レーズンと干しあんずを合わせたものを詰めました。パート・シュクレでクリームを包むので、さくさくしたサブレの食感をたっぷり味わえます。おばあちゃんという名前のとおり、おだやかな味です。

材料（でき上り約8×24cm 1台分）
パート・シュクレ（p.12） 約300g
カスタードクリーム（p.51） 150g
ラム酒漬けレーズン 30g
あんずのシロップ煮
　┌ 干しあんず（5mm角に刻む） 30g
　│ グラニュー糖 15g
　└ 水 少々
接着用卵白 適宜
仕上げ用粉砂糖 適宜

詰め物を用意する

1 あんずのシロップ煮を作る。あんず、グラニュー糖、水を加えて小鍋でさっと煮る。

2 p.51を参照し、カスタードクリームを作り、150gを取り分け、①のあんずとレーズンを混ぜる（写真A）。

詰め物を包む〜焼く

3 生地170gをポリシートで包んで、8×24cm（底生地）にのばし（写真B）、オーブンシートに置き、フォークでピケをする。

4 口金をつけない絞出し袋で、接着部分になる生地の周囲2cmくらいを残して、②のクリームを縦2列に絞り出す（写真C）。

5 周囲2cmの接着部分に卵白を薄くぬる。

6 残りの生地（約130g）をポリシートに包んで、③と同様にのばし、ポリシートごと⑤の上に空気が入らないようにかぶせ、上から周囲の接着部分をそっと押さえて密着させ、シートをはずす（写真D、E）。

7 周囲をナイフで切りそろえる。指をつかって、縁模様をつけ（写真F）、表面にフォークで何か所か穴をあけて（写真G）、中温（170〜180℃）のオーブンで焼き上げる（約25分）（写真H）。冷めてから、仕上げ用粉砂糖をかける。

＊縁模様は、左手の親指と人さし指で外側側面から押し、丸いカーブを作りながら、その中央部を右手の人さし指で上から押さえる。これを繰り返し、連続模様にする。

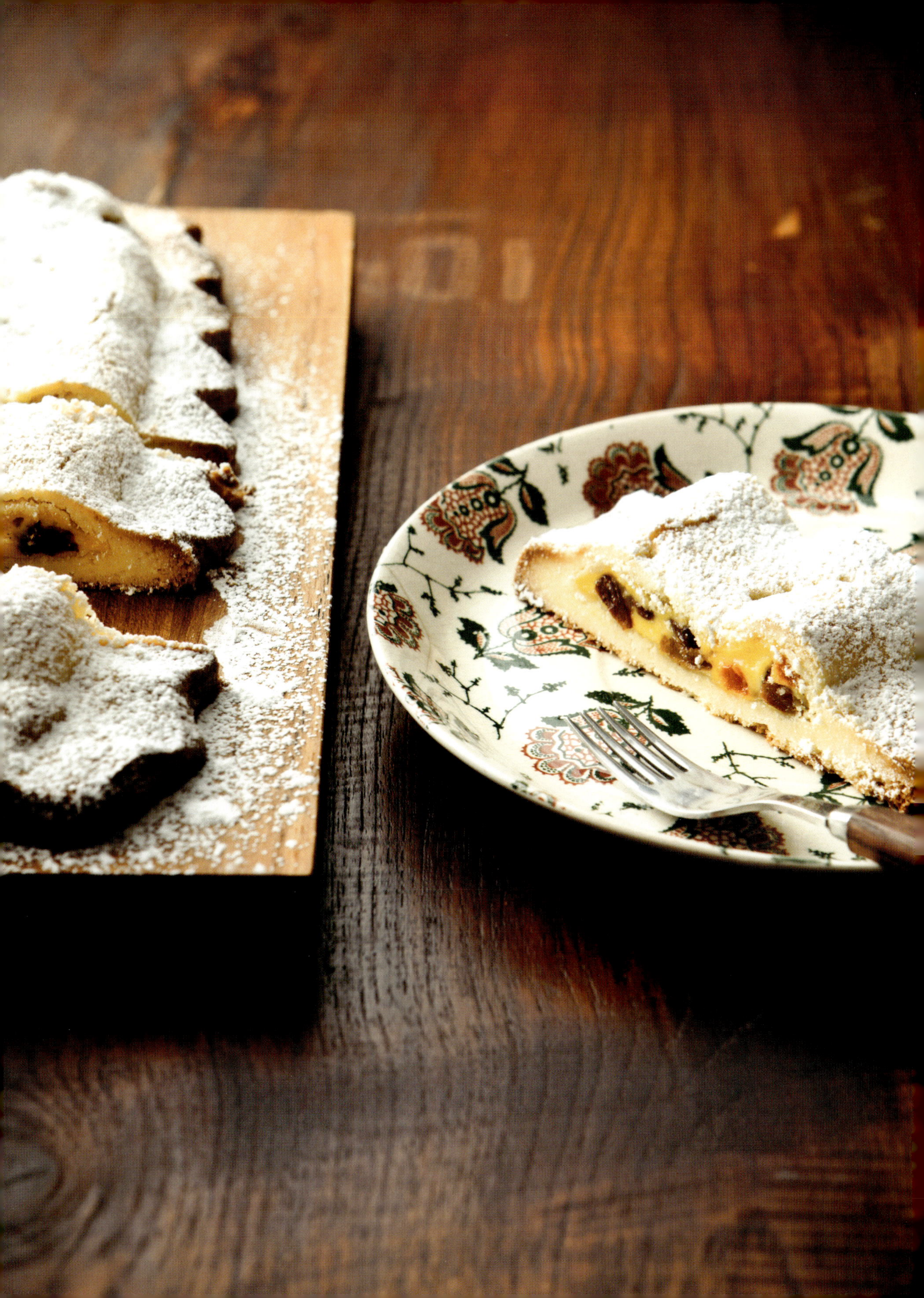

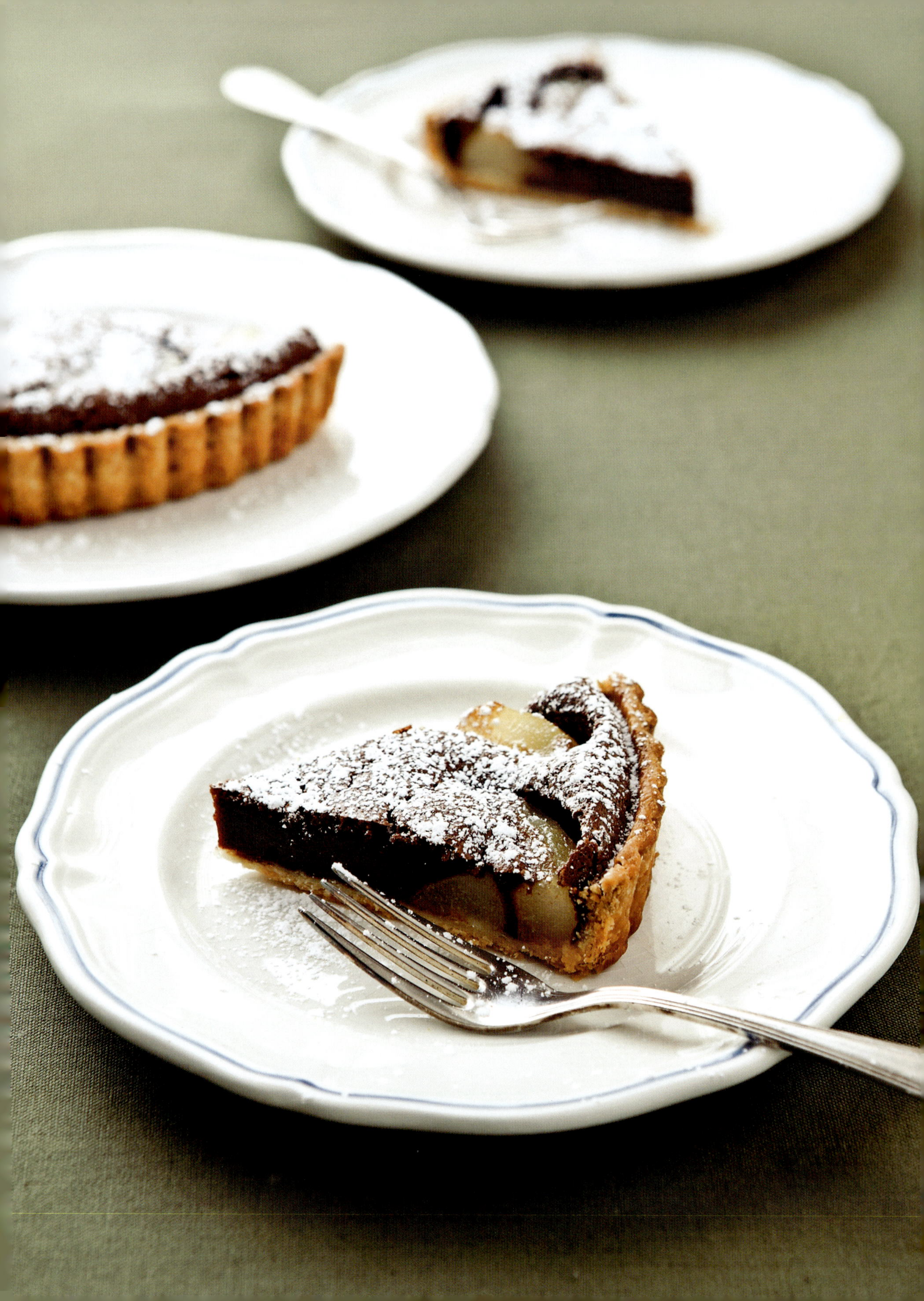

洋梨入りチョコレートフラン
フラン種を詰めて

カスタードクリームに続けてフラン種で作るタルトを紹介しましょう。

フランというと、若い頃フランスでよく食べた「フラン オ レ」を思い出します。分厚いカスタードプディングのようで、安くておなかも心も満たされたものです。

フランは、もともとは薄い円形のタルトの呼び名でもあり、卵、牛乳、生クリームで作るアパレイユ（フラン種）のこともさします。甘いフラン種ならば、砂糖を加えてカスタードプディングに、粉を加えればカスタードクリームのようになります。ここでは、フラン種にチョコレートを加え、濃厚にそしてほろっとした食感も作り、さらに相性のいい洋梨と合わせました。季節によっては、生の洋梨やアメリカンチェリーもおすすめです。

生地の準備
1 p.22を参照し、型に生地を敷き込み、p.26を参照し、半焼きにする。

2 半焼きにした底生地が温かいうちに、内側に卵白を薄くぬって、オーブンに少し入れて乾かしておく。

アパレイユと洋梨を詰める〜焼く
3 シロップをよくきった洋梨を縦に2つか3つの串形に切り、②の底に放射状に並べる。

4 ボウルを2つ用意する。片方にAのグラニュー糖と薄力粉を入れてよく混ぜ合わせ、そこにといた卵を加えてよく混ぜ合わせる。もう一方のボウルにチョコレートを入れておく。

5 小鍋にBを入れて、弱めの中火で煮立てる。これを半量ずつ④のボウルおのおのに入れて混ぜ合わせる（写真A、B）。チョコレートのとけ残りがあれば、ボウルの底を湯に当てて温めとかす。2つのボウルを合わせ混ぜ（写真C）、一度網を通して（写真D）、酒を加える。

6 ⑤を③に流し入れ（写真E）、中温（170〜180℃）のオーブンで焼き上げ（約25分）、p.30を参照して型からはずす（写真F）。粗熱が取れたら、粉砂糖を上にふる。

材料（直径20cmのタルト型1台分）
パート・ブリゼ（p.14）　約220g
内側にぬる卵白　適宜
洋梨（約425g入り缶詰）　2/3量
アパレイユ
A ┌ グラニュー糖　50g
　├ 薄力粉　15g
　└ 卵　1個
B ┌ 生クリーム　100g
　├ 牛乳　50g
　└ バニラビーンズ*　1/4本
ダークスイートチョコレート
　（タブレットまたは刻む）　80g
洋梨の酒（またはラム酒）　大さじ1
仕上げ用粉砂糖　適宜

＊バニラビーンズはしごき出した種とさやもともに使う。

メレンゲも
タルトの詰め物になります。

近ごろ日本で定着したマカロンをはじめ、フランス人はメレンゲを使ったお菓子が大好きで、タルトの詰め物にもメレンゲをよく使います。クリームとは違う、軽い独特な食感を味わってみてください。メレンゲのお菓子を作るには、まず、しっかりしたメレンゲを立てることが大事です。メレンゲ作りの大事なこつとともに紹介しましょう。

メレンゲの基本の立て方→p.61

メレンゲにラズベリーを混ぜて
タルト マルスリーヌ

薄絹（マルスリーヌ）と名づけられたタルトです。メレンゲにラズベリーのピューレを加え、風味とともに色をつけ、アーモンドパウダーと粉砂糖と粉を加えた生地（ジャポネ生地）にして詰めました。仕上げには、フリーズドライのラズベリーを砕いて粉砂糖とともにかけて見た目もいっそうラズベリーの雰囲気にしています。粉砂糖だけをかけてもかまいません。マルスリーヌという名前のとおり軽やかで上品な口当りです。

タルト マルスリーヌの作り方→p.60

タルト マルスリーヌ

材料（直径20cmのタルト型1台分）
パート・ブリゼ（p.14）　約220g
自家製ラズベリージャム＊　50g
アパレイユ
A ┌ 卵白　80g
　├ グラニュー糖　40g
　└ ラズベリーのピューレ（冷凍）＊　40g
B ┌ アーモンドパウダー（網を通す）　80g
　├ 粉砂糖　60g
　└ 薄力粉　10g
粉砂糖　適宜
仕上げ用粉砂糖、
　フリーズドライのラズベリー　各適宜

＊ラズベリージャムは、冷凍ラズベリーに70〜80％の砂糖を加えて煮て作る。
＊粒状の冷凍ラズベリーの場合は網を通して正味40gにして用いる。

生地の準備

1　p.22を参照し、型に生地を敷き込む。

2　p.26を参照して半焼きし、底にラズベリージャムをぬる。

アパレイユを詰める〜焼く

3　Bを合わせ、網を通しておく（写真A）。

4　p.61を参照し、Aでしっかりしたメレンゲを作る。

5　④にラズベリーのピューレを加えて合わせる（写真B、C）。ここに③を2回に分けて加え、混ぜ合わせる（写真D）。

6　⑤を②の中央に全部のせて、パレットナイフで低い台形に形作る（写真E、F）。あれば回転台の上にのせて作業するといい。

7　上に粉砂糖を茶こしでふりかける。少し待って、粉砂糖が溶けたら、もう一度ふりかける（写真G）。中温（170〜180℃）のオーブンで焼き上げる（20〜25分）。型のはずし方はp.30を参照。

8　フリーズドライのラズベリー（砕く）と粉砂糖を合わせて好みのピンク色にし、よく冷ました⑦にふりかける（写真H）。粉砂糖だけでもいい。

ジャポネ生地というのは？

ジャポネというのは、フランス語で「日本の」という意味です。どういう由来かわかりませんが、メレンゲにアーモンドパウダーなどのナッツの粉末とでんぷんを混ぜたものをジャポネ生地といい、その生地で焼いたお菓子のこともジャポネと呼んだり、シュクセともいいます。日本では、楕円形のお菓子で知られるダコワーズもこのお菓子の仲間です。
メレンゲにナッツ類の粉が入ることで、香ばしい焼上りになるのが特徴です。

メレンゲの基本の立て方

砂糖を入れるタイミングはぴんと泡立ってから。

卵白と砂糖を泡立てて作るのがメレンゲです。砂糖は、卵白の水分を抱え込んで泡をしっかりさせてくれるという大事な役割をしています。でも、砂糖の加え方を失敗すると、泡立ての邪魔をすることもあります。

目的のお菓子によってメレンゲの卵白と砂糖の割合は、違います。

砂糖の加え方は、割合によって変わり、卵白に対して砂糖が20%くらいまでならば、一度に加えて泡立てても大丈夫ですが、40%くらいになると砂糖を分けて加えないと、ハイパワーのハンドミキサーでもしっかりとしたメレンゲにはなりません。

作るうえで大事なことは、砂糖を分けて加えるタイミングです。

ただ分けて加えるのではなく、必ずぴんと泡立ったのを見極めてから加えましょう。パワーの強いハンドミキサーを使うことをすすめます。

メレンゲの材料
(タルト マルスリーヌの場合)
卵白　80g
砂糖(グラニュー糖)＊　40g
＊砂糖は粉砂糖を使う場合もある。

1 卵白をハンドミキサーの低速で、全体に白く大きな気泡ができるまで泡立て、砂糖の1/4〜1/3量を加える。

2 ハンドミキサーを高速にして、泡立て器やボウルを動かしながら、全体にまんべんなく泡立てる。

3 ミキサーを止めて状態を確認する。このように、ぴんと角が立ったら、次の砂糖を加えるタイミング。

4 ぴんとなった状態を確認したら、次の砂糖を加え、続けて高速で泡立てる。

5 砂糖を加えると泡はゆるむ(メレンゲの先が下にたれる)が、そのまま高速で泡立てると、再びぴんと泡立ってくる。

6 同様に繰り返し泡立てると、この状態のような、しっかりしたメレンゲになる。

オレンジ風味のメレンゲで オレンジのガレット

型を使わなくても、タルトはできます。生地をのばして縁を盛り上げ、ガレットの形にし、オレンジ風味のジャポネ生地を詰めて焼きました。全体にほろっとした軽い食感で、オレンジの香りに加え、底に敷いた夏みかんのマーマレードの苦みがとてもさわやかな味わいです。甘めの詰め物なので、底生地は、パート・ブリゼを合わせましたが、パート・シュクレでもかまいません。ここでは直径24cmの大きめのガレットにしましたが、お好きな大きさでどうぞ。

生地の準備

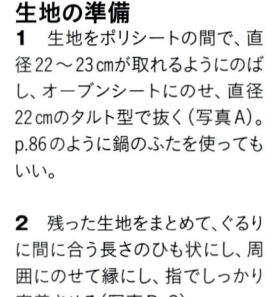

1 生地をポリシートの間で、直径22〜23cmが取れるようにのばし、オーブンシートにのせ、直径22cmのタルト型で抜く(写真A)。p.86のように鍋のふたを使ってもいい。

2 残った生地をまとめて、ぐるりに間に合う長さのひも状にし、周囲にのせて縁にし、指でしっかり密着させる(写真B、C)。

3 直径24cmにしたいので、底内側を押さえて、薄くし、広げる(写真D)。
＊直径24cmの型があれば、それで抜く。その場合は大きく広げる必要はない。

4 縁の外側から、左手の親指と人さし指でつまみ、同時に右手の人さし指で内側から押して、縁を形作る(写真E)。底にフォークでピケをする。

5 天板にのせ、涼しいところで、30分ほど休ませる。アルミ箔なしで約190℃のオーブンで半焼きにする(約15分)。半焼きしたらマーマレードを底にぬる(写真F)。

アパレイユを詰めて焼く

6 Bを合わせて網を通しておく。

7 p.61を参照して、Aでしっかりしたメレンゲを作り、オレンジの皮を加え、⑥を2回に分けて加えて混ぜ合わせる(写真G、H)。

8 ⑦を⑤に全部のせて、パレットナイフで低い台形に形作り(写真I、J)、粉砂糖を茶こしを通してかける。粉砂糖が溶けて見えなくなるのを待ってから、もう一度かける。あれば、回転台の上で作業するといい。

9 オレンジピールを1辺2cmのダイヤ形に8個カットして、沈めるように並べ、中温(約180℃)のオーブンで焼き上げる(約20分)。

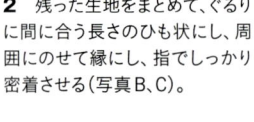

材料(直径24cmのガレット1台分)
- パート・ブリゼ(p.14) 約230g
- 夏みかんのマーマレード＊ 80g
- アパレイユ
  - A [卵白 80g
      グラニュー糖 30g
  - オレンジの皮のすりおろし 1/2個分
  - B [アーモンドパウダー(網を通す) 80g
      粉砂糖 50g
- 表面用粉砂糖 適宜
- 飾り用オレンジピール 適宜

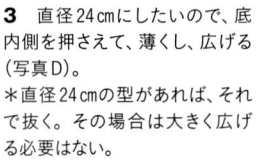

＊マーマレードは市販のものを求めるときは苦めのものを。

アルミ箔なしで半焼き?
このガレットのように深さを必要としないものは、アルミ箔でおおわずに半焼きにします。

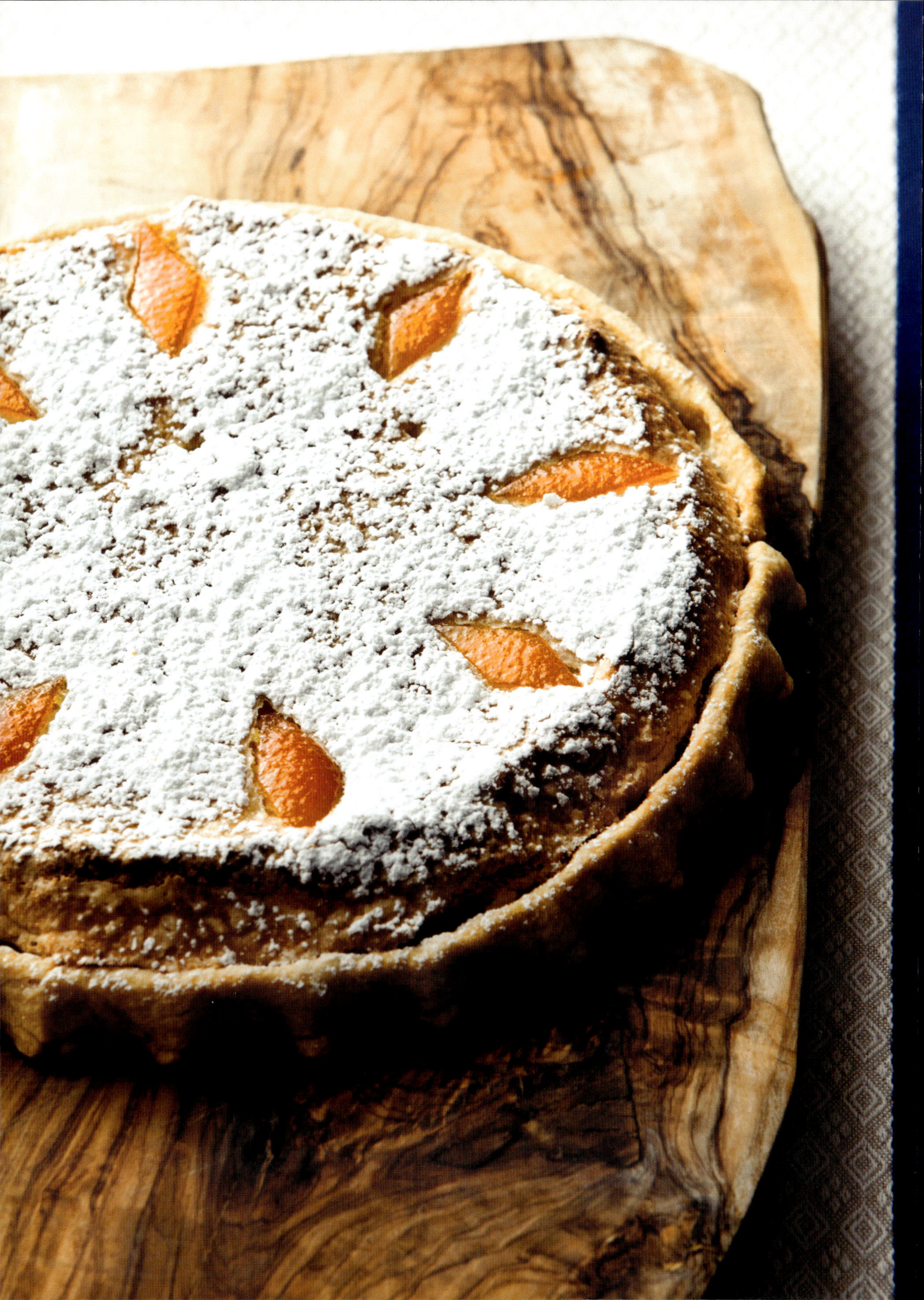

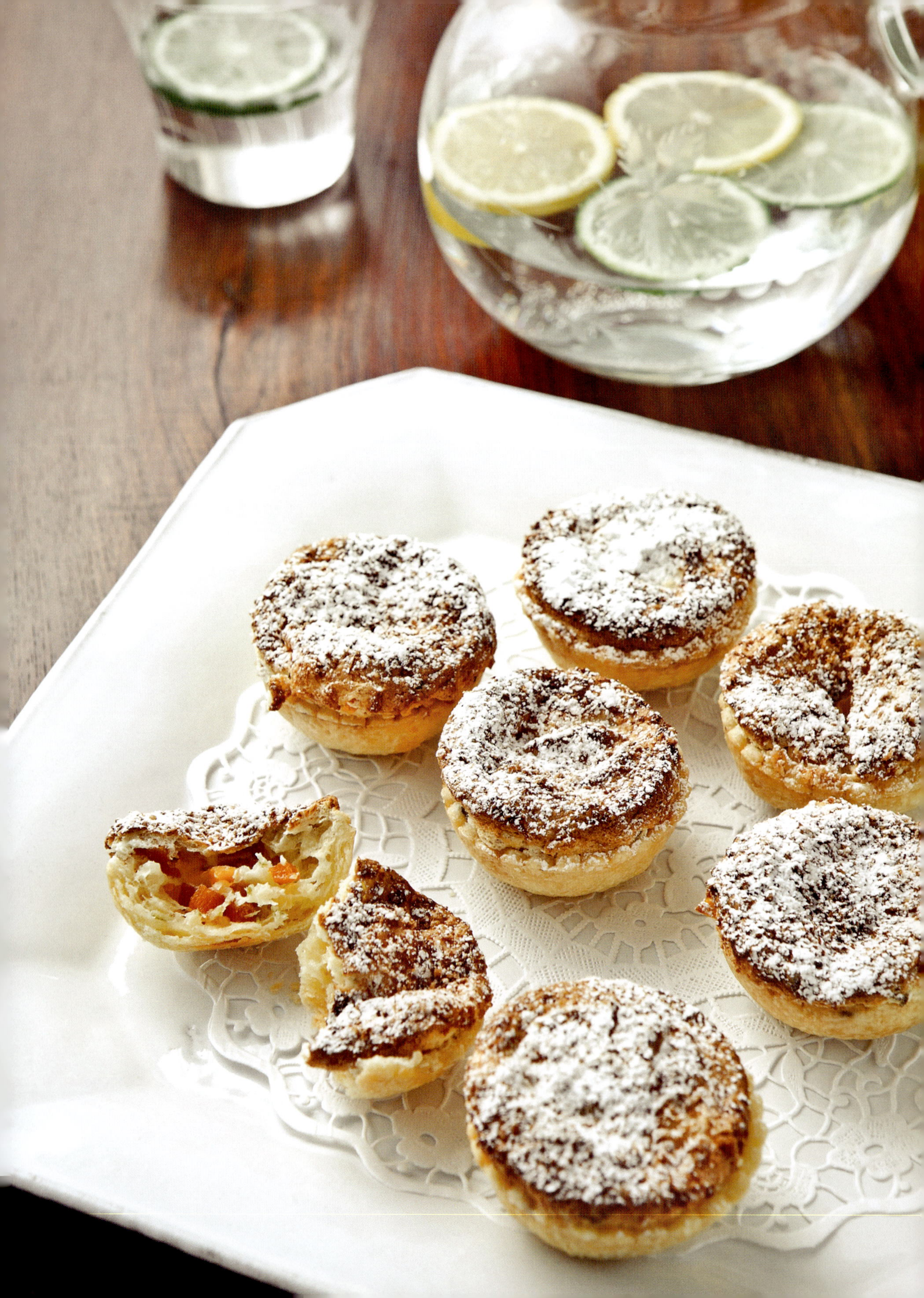

タルトレット エキゾチック

メレンゲ＋南国風味

メレンゲにライムやパッションフルーツ、マンゴーなどを入れて、詰め、ココナッツパウダーをかけて焼き上げた南国風味のタルトレットです。手に取ると軽さに驚く仕上りですが、風味はしっかりとエキゾチックな南国の味になっています。底生地はパート・ブリゼです。ライムの代りにレモンでも結構です。

生地の準備
1 p.25を参照して、生地を直径7cmの菊型で抜き、型に敷き込む。

アパレイユを詰める〜焼く
2 中に入れる南国風味の材料をそれぞれ用意する（写真A）。

3 p.61を参照して、Aで、しっかりしたメレンゲを立てる。

4 ③にグラニュー糖30gを加え、混ぜる。

5 ④にBを加え混ぜ、次にCを一度に加え、均一に混ぜる（写真B）。これを絞出し袋（口金はつけない）に入れて、①にこんもりと絞り込む（写真C、D）。

6 表面にココナッツパウダーをふりかけ、さらに粉砂糖をたっぷりとふりかける（写真E、F）。中温（170〜180℃）のオーブンで焼き上げる（約20分）。

材料（直径5.5cmのポンポネット型9個分）
パート・ブリゼ（p.14）　約200g
アパレイユ
A ┌ 卵白　30g
　└ グラニュー糖　30g
　　グラニュー糖　30g
B ┌ ライム果汁　小さじ2
　└ パッションフルーツ果汁　大さじ1
C ┌ ライムの皮のみじん切り　1/2個分
　├ 干しあんず、干しマンゴー
　│　（各3mm角のみじん切り）　合わせて50g
　└ アーモンドダイス　25g
表面用ココナッツパウダー、粉砂糖　各適宜

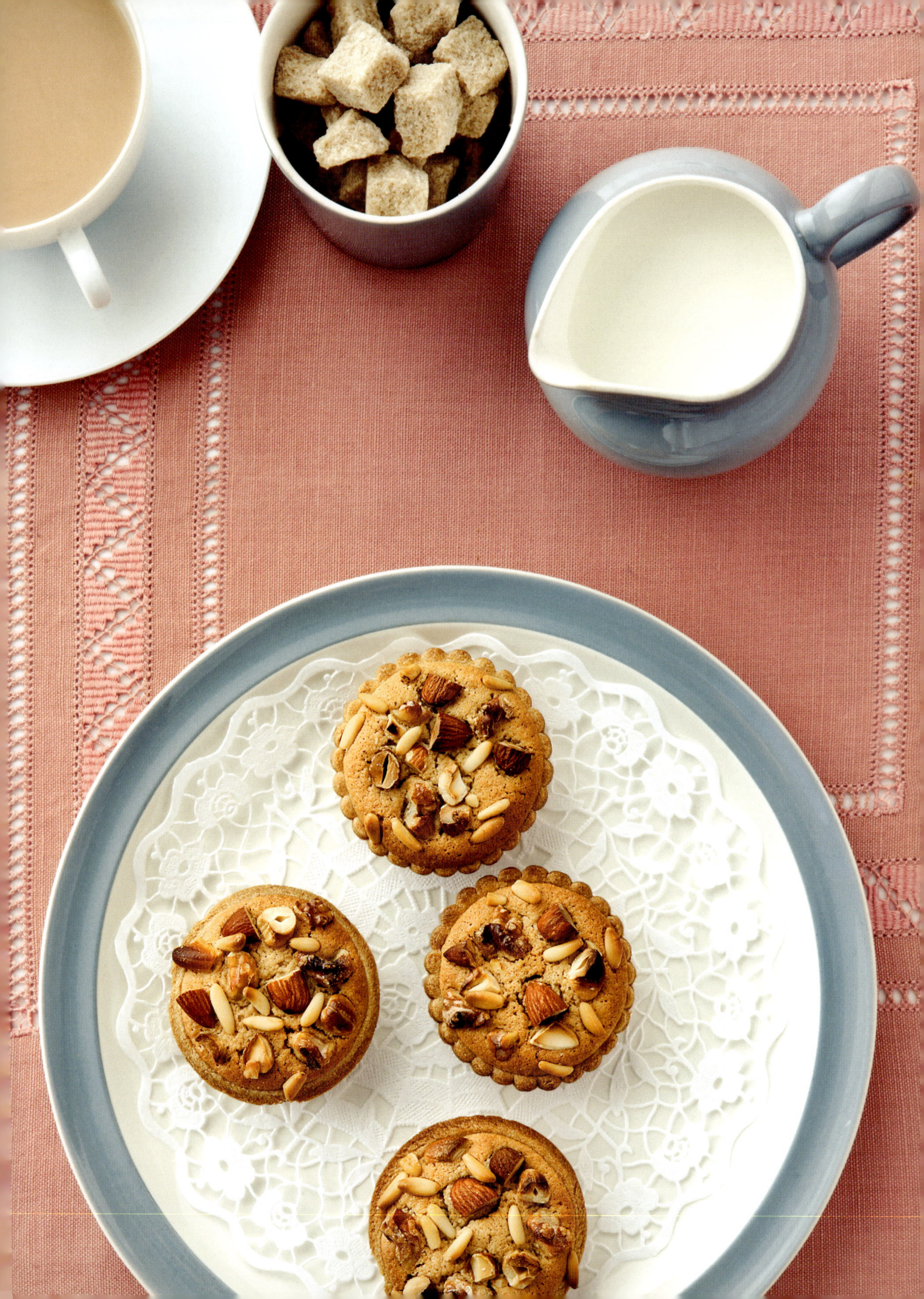

フィナンシエ生地でフィナンシエのタルトレット

タルトに詰めるのはクリームだけにかぎりません。バターケーキの生地も詰め物になります。ここでは、おなじみの焼き菓子、フィナンシエの生地を詰めたタルトレットを紹介しましょう。たっぷりのアーモンドパウダーに焦がしバターの風味が加わったフィナンシエのおいしさと底生地の食感を同時に味わえるタルトレットです。水分の出る要素がないので、ある程度日が経ってもおいしくいただけます。

材料（直径6.5cmのタルトレット型10個分）
パート・シュクレ（p.12） 約220g
フィナンシエ生地
A ┌ 卵白 50g
　└ グラニュー糖 25g
　┌ アーモンドパウダー（網を通す） 50g
B │ 粉砂糖 15g
　└ 薄力粉 15g
ラム酒 大さじ1
バター（食塩不使用） 50g
ナッツ（アーモンド、ヘーゼルナッツ、くるみ、松の実など） 50g

生地の準備
1 p.24を参照して、生地を直径8cmの好みの抜き型で抜き、型に敷き込む。

フィナンシエ生地を詰める〜焼く
2 上にのせるナッツ類のうち、アーモンドとヘーゼルナッツを約150℃のオーブンでローストしておく。また大きいものは粗く刻んでおく。

3 Bを合わせて網を通す。

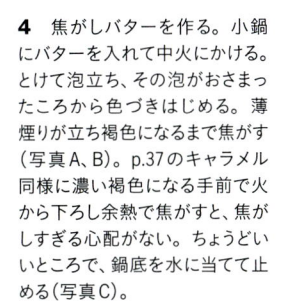

4 焦がしバターを作る。小鍋にバターを入れて中火にかける。とけて泡立ち、その泡がおさまったころから色づきはじめる。薄煙りが立ち褐色になるまで焦がす（写真A、B）。p.37のキャラメル同様に濃い褐色になる手前で火から下ろし余熱で焦がすと、焦がしすぎる心配がない。ちょうどいいところで、鍋底を水に当てて止める（写真C）。

5 p.61を参照し、Aで、しっかりとしたメレンゲを作り、③を2回に分けて加え混ぜる。ラム酒も加える。

6 ここに④の焦がしバターを目の細かい茶こしを通しながら加えて混ぜ（写真D）、丸口金をつけた絞出し袋に入れ、①に絞り入れ、ナッツ類を散らす（写真E）。中温（170〜180℃）のオーブンで焼き上げる（15〜20分）。
＊焦がしバターをこすときの茶こしの目が粗いときは、キッチンペーパーを茶こしに敷く。

くるみとキャラメルのタルトレット

キャラメルを詰めてから焼きにした底生地で作るタルトレット

スイスのエンガディーン地方のスペシャリテとして知られる「くるみとキャラメルのタルト」があります。パート・シュクレの底生地にくるみとキャラメルをぎっしり詰めてふたをして焼き上げるものですが、ここではその簡単バージョンのタルトレットを紹介しましょう。味と食感ともにオリジナルに劣らないおいしさです。生地は先にから焼きしておきます。

材料（直径6.5cmのタルトレット型10個分）
パート・シュクレ（p.12）　約220g
くるみ　80g
キャラメル
A ┌ 水あめ　60g
　├ グラニュー糖　90g
　├ バター（食塩不使用）　30g
　├ 生クリーム　50g
　└ バニラビーンズ*　1/4本
牛乳　50g

*バニラビーンズはしごき出した種とさやもともに使う。
*200℃が計れる温度計、シリコンのへらを用意すること。
*キャラメルを煮る鍋はミルクパンのような注ぎ口のある小型の片手鍋がいい。

生地の準備〜から焼き

1　p.24を参照し、生地を直径8cmの菊型で抜き、型に敷き込む。

2　中温（170〜180℃）のオーブンでから焼きする（約15分）。途中、底が持ち上がっていれば、出して、すばやく軍手をした指で押さえる（写真A）。再びオーブンに戻して焼き上げる（写真B）。

くるみとキャラメルを詰める

3　くるみを高めの低温（約150℃）のオーブンでローストし、むきやすくなった渋皮を先のとがったナイフなどでむき（写真C）、②に詰める。

4　キャラメルを作る。水を入れたボウルと温度計を用意しておく。小型の片手鍋にAを入れる（写真D）。弱火にかけ、バターがとけたら、中火にし、底が焦げつかないように、シリコンのへらで鍋底をこすりながら、150〜155℃まで煮る（写真E）。同時に牛乳を熱しておく。

5　150〜155℃になったら、火から下ろし、鍋底を一瞬水に当てて、温度が上がるのを止める。すぐに熱い牛乳を加え（写真F）、火に戻す。

6　キャラメルと牛乳が分離したようになっているが、ゆっくり鍋底をこすりながら煮ていくと均一になってくる。温度も120℃以下に下がるが再び上がってくる（写真G）。125℃になったら、火から下ろし、鍋底を水に一瞬当てて、余熱で温度が上がるのを止める（かたくなりすぎるのを防ぐため）。

7　③のくるみの上に流し入れる（写真H）。途中、流れにくくなったら、弱火で温めなおす。

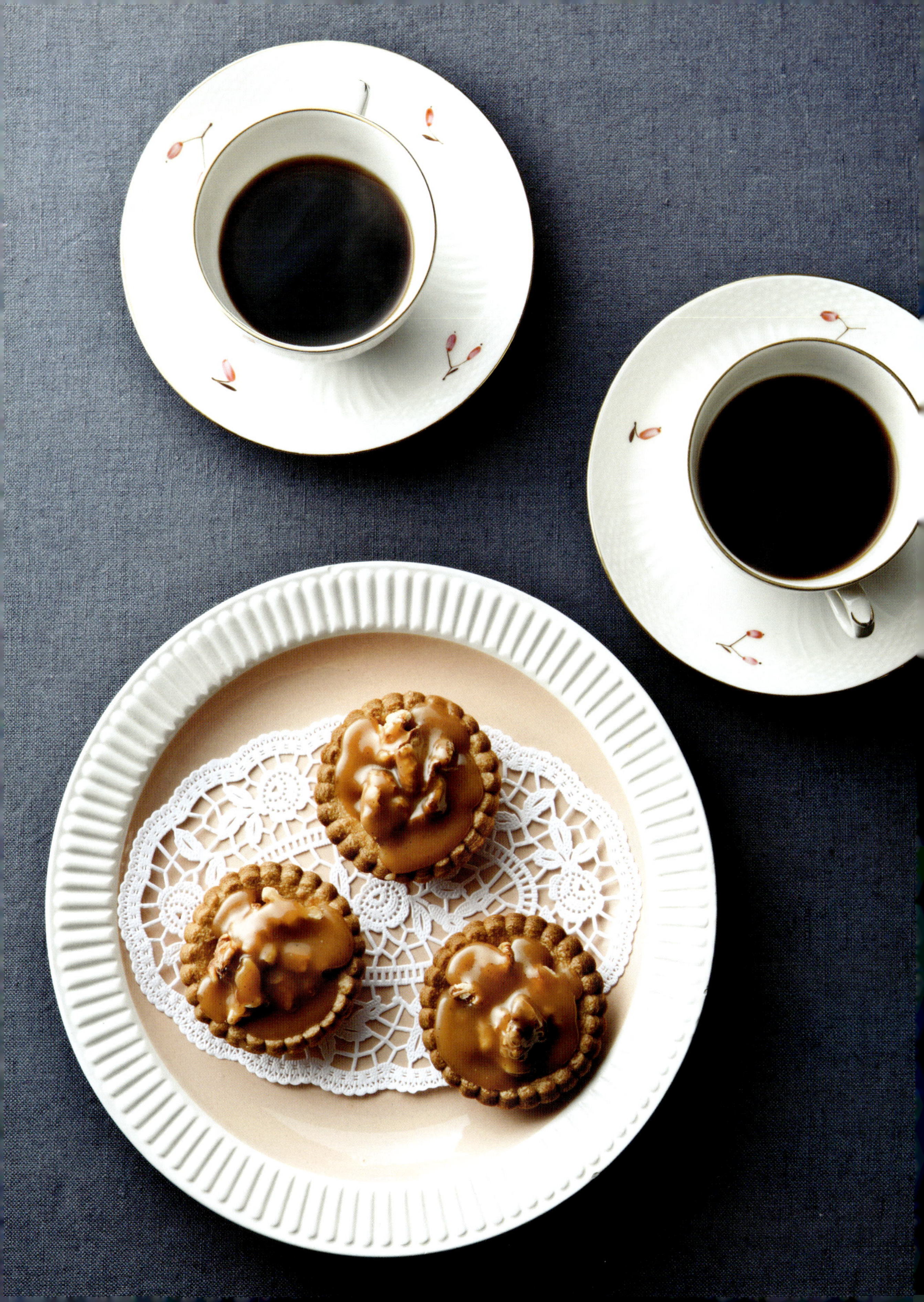

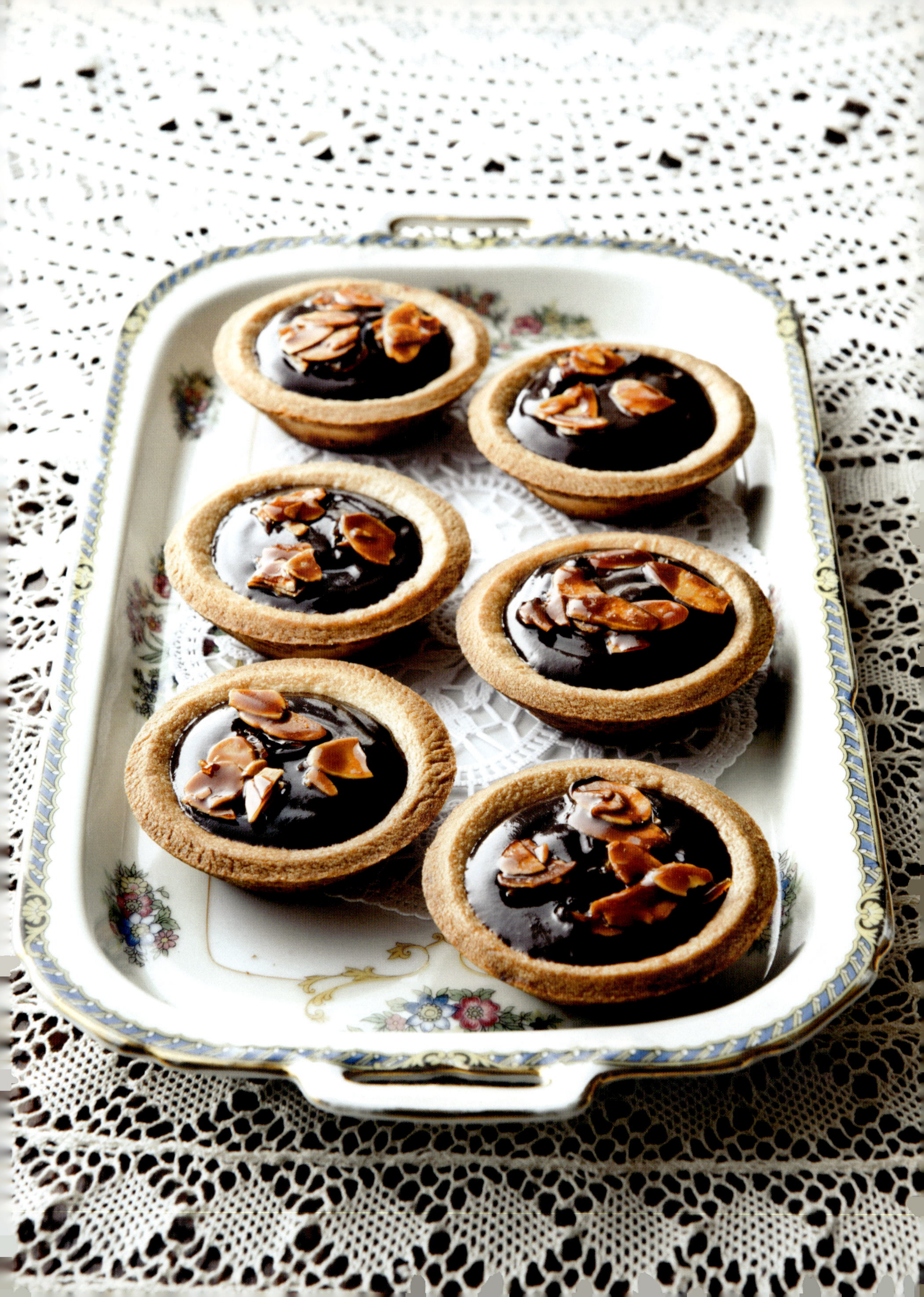

ガナッシュを詰めて タルトレット オ ショコラ

チョコレートで作るごくシンプルなタルトレットを紹介しましょう。生クリームとチョコレートで作るガナッシュを、から焼きした生地に詰めるだけででき上り。上にはチョコレートと相性のいいプラリネを散らしました。

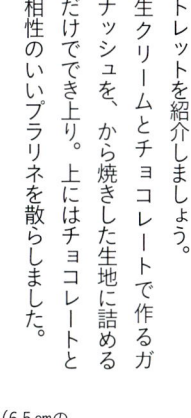

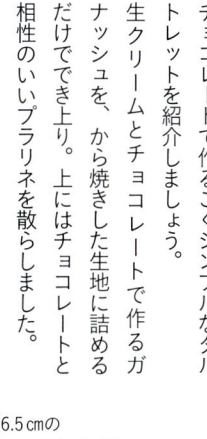

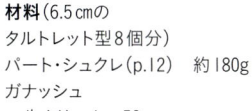

材料（6.5cmのタルトレット型8個分）
パート・シュクレ（p.12）　約180g
ガナッシュ
　┌生クリーム　50g
　│製菓用ダークスイート
　│　チョコレート（刻む）*　100g
　└好みのリキュール　小さじ2
プラリネ
　┌スライスアーモンド　30g
　│グラニュー糖　40g
　└水　少々

*ここでは刻まないですむタブレットを使用。

生地の準備〜から焼き

1　p.24を参照して、生地を直径8cmの抜き型で抜き、型に敷き込む。

2　p.68の手順②同様にから焼きし、冷ましておく（写真A）。

ガナッシュを詰めて仕上げる

3　ガナッシュを作る。生クリームを小型のステンレスボウル（ここでは手つき）に入れて、火にかけ、焦げつかないように泡立て器で絶えず混ぜながら、煮立てる（写真B）。

4　火から下ろし、チョコレートを一度に加え、生クリームに沈める（写真C）。しばらく熱が伝わるのを待ってから、泡立て器でゆっくりと混ぜながら、なめらかにとかし、好みのリキュールを加える（写真D、E）。

5　充分冷ました②に、④のガナッシュをスプーンで縁を汚さないように詰める（写真F）。作っておいたプラリネを適当な大きさに割って、のせる。ガナッシュが冷めて流動性がなければ、少し湯せんで温めてゆるめる。

●プラリネの作り方

1　スライスアーモンドは高めの低温（約150℃）のオーブンでローストしておく。

2　小型の片手鍋にグラニュー糖を入れ、水をふりかけ、中火にかける。へらなどで混ぜずにそのまま待つ。周囲から溶け、色づきはじめたら、鍋を回して、全体を均一に色づけていく（写真A、B）。

3　いい頃合いの色になる手前で火から下ろし、余熱で焦がし、キャラメル色にする。①のアーモンドを一度に加え（写真C）、火に戻してキャラメルとアーモンドがよくからむように混ぜ、フッ素樹脂加工の天板やオーブンシートにあけ、手早く広げる（写真D）。冷めたら、適当な大きさに割る。

これもタルトです。

マカロンを底生地にして いちごのマカロンタルト

甘いタルトの最後に紹介するのは、いわゆるタルト生地を使っていないタルトです。メレンゲで作るマカロン生地をタルト状に絞って焼き、底生地にします。その上にたっぷりのカスタードクリームのババロワにいちごを山のように積み上げて作る、見た目も華やかな極上のお菓子です。

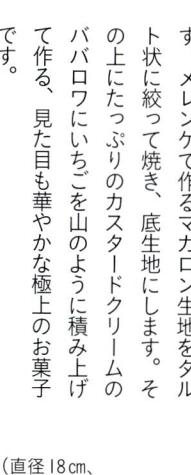

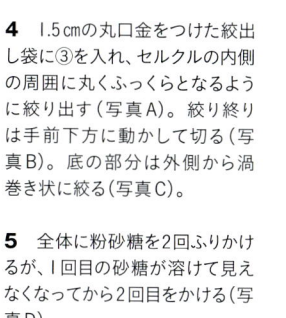

材料（直径18cm、高さ3cmのセルクル1台分）
マカロン生地
A ┌ 卵白　80g
　└ グラニュー糖　35g
B ┌ アーモンドパウダー
　│ 　（網を通す）　45g
　│ 粉砂糖　40g
　└ 薄力粉　10g
表面用粉砂糖　適宜
リキュール入りシロップ
C ┌ グラニュー糖　40g
　└ 水　80g
好みのリキュール　大さじ1
アパレイユ
D ┌ ゼラチン　小さじ1/2
　└ 白ワイン（または水）　大さじ1/2
E ┌ 牛乳　100g
　│ バニラビーンズ*　1/4本
　│ グラニュー糖　30g
　│ 薄力粉　10g
　└ 卵黄　2個
好みのリキュール　少々
生クリーム　70g
いちご（中粒）　約200g
ジュレ　p.50のいちごの
　タルトレット参照

＊バニラビーンズはしごき出した種とさやもともに使う。

マカロンの底生地を焼く

1 天板にオーブンシートを敷き、セルクルを置く（セルクルにはバターをぬらない。焼き縮みを防ぐため）。

2 Bを合わせて、網を通す。

3 p.61を参照し、Aでしっかりしたメレンゲを作り、②を2回に分けて加え、ほぼ均一になるまで混ぜ合わせる。

4 1.5cmの丸口金をつけた絞出し袋に③を入れ、セルクルの内側の周囲に丸くふっくらとなるように絞り出す（写真A）。絞り終わりは手前下方に動かして切る（写真B）。底の部分は外側から渦巻き状に絞る（写真C）。

5 全体に粉砂糖を2回ふりかけるが、1回目の砂糖が溶けて見えなくなってから2回目をかける（写真D）。

6 高めの低温（約150℃）のオーブンで焼き上げ（約30分）、冷めるまでそのまま置く。

7 冷めたら、セルクルを立てて、写真のように細いナイフを差し込み、ナイフをセルクルに密着させたまま動かさずにセルクルのほうをゆっくり、回転させて切り離す（写真E）。

8 リキュール入りシロップを作る。Cを合わせて煮溶かし、冷めたらリキュールを加え、⑦の上面にぬる。

組立て

9 いちごは洗わずに刷毛でうぶ毛や種を払い、1粒残して、あとは全部へたを除いて、縦に二つ割りにする。

10 アパレイユを作る。Dのゼラチンを白ワインでふやかしておく。p.51を参照し、Eでカスタードクリームを作る。クリームが熱いうちにふやかしたDを加え（写真F）、リキュールを加える。ボウルの底を氷水に当てて、ときどき混ぜて、均一に冷やし、とろみをつける。

11 やわらかめに泡立てた生クリームを⑩に加え混ぜる（写真G）。これを⑧にのせ、中央をやや高くしてドーム状に盛り上げる（写真H）。

12 いちごを下から順に重ねるように並べ（写真I）、一度冷蔵庫に入れてよく冷やす。

13 p.50を参照してジュレを用意し、⑫のいちごに刷毛でぬる（写真J）。残しておいたいちごにもジュレをぬり、へたを上にして頂点におく。

タルトには塩味もあります。

キッシュ種で作る じゃがいものタルト

塩味のタルトの代表格といえばおなじみのキッシュです。キッシュは、フランスのアルザス、ロレーヌ地方のタルトを意味する方言です。もともとは塩味だけでなく甘いものもあるようですが、今は、卵と生クリームとベーコンで作る「キッシュロレーヌ」が有名です。ここでは、そのキッシュ種で作った3点を紹介しましょう。塩味のタルトに使う生地はフイユタージュかパート・ブリゼです。

これはスウェーデンのスペシャリテ「アンチョビー入りポテトグラタン」をヒントにキッシュ種にアンチョビーを加えて作りました。ポテトとの相性もぴったりです。

生地の準備

1 p.23を参照し、生地をタルト型に敷き込み、休ませ、p.26を参照して、半焼きにする。

2 Aの卵をとき、一部を①の底に薄くぬって、オーブンに短時間入れて乾かす(写真A)。

キッシュ種と具を詰める〜焼く

3 じゃがいもは皮をむいてゆで、7mm厚さにスライスする。

4 ②の残りの卵にAの材料を合わせ、Bを加え混ぜてキッシュ種を作る。

5 ②の底にチーズの1/3量を散らし、④のキッシュ種の一部を流す(写真B)。次にじゃがいもを平らに並べる。再びチーズ、キッシュ種、じゃがいも(写真C、D)、残りのキッシュ種を流し入れ、最後はチーズを重ねる。中温(170〜180℃)のオーブンに入れ、焼き上げる(約25分)。充分色づき、中央部がふくらめば火が入った証拠、型からはずし、網にのせる(写真E)。型のはずし方はp.30を参照。

材料(直径20cmのタルト型1台分)
フイユタージュ・ラピッド(p.16)
　厚さ2mm、直径25cmにのばしたもの
じゃがいも(メークイン) 350g
グリュイエールチーズ(おろす) 50g
キッシュ種
A ┌ 卵 2個
　├ 塩 小さじ1/2
　├ こしょう 少々
　├ 牛乳 100g
　└ 生クリーム 100g
B ┌ アンチョビー(みじん切り) 4〜5枚分
　└ パセリ(みじん切り) 2枝分

卵液をぬるのは?

キッシュ種のように水分の多い場合は底生地にしみないように防水のために卵液をぬります。ここではキッシュ種で使う卵をぬりましたが、卵白でもかまいません。

キッシュ種は?

本書では、卵1個に対して、生クリームと牛乳各50gを基本のキッシュ種として紹介しています。これも好みで割合を変えてもかまいません。要は生クリームと牛乳を合わせて100gになればいいのです。

もっと濃厚にしたければ、牛乳を使わずに、生クリームを100gにしてもかまいません。ただ、生クリームを使わずに牛乳だけで作ると、少々さっぱりしすぎます。また、卵1個が大きければ、生クリームと牛乳の合計を120gにしてください。

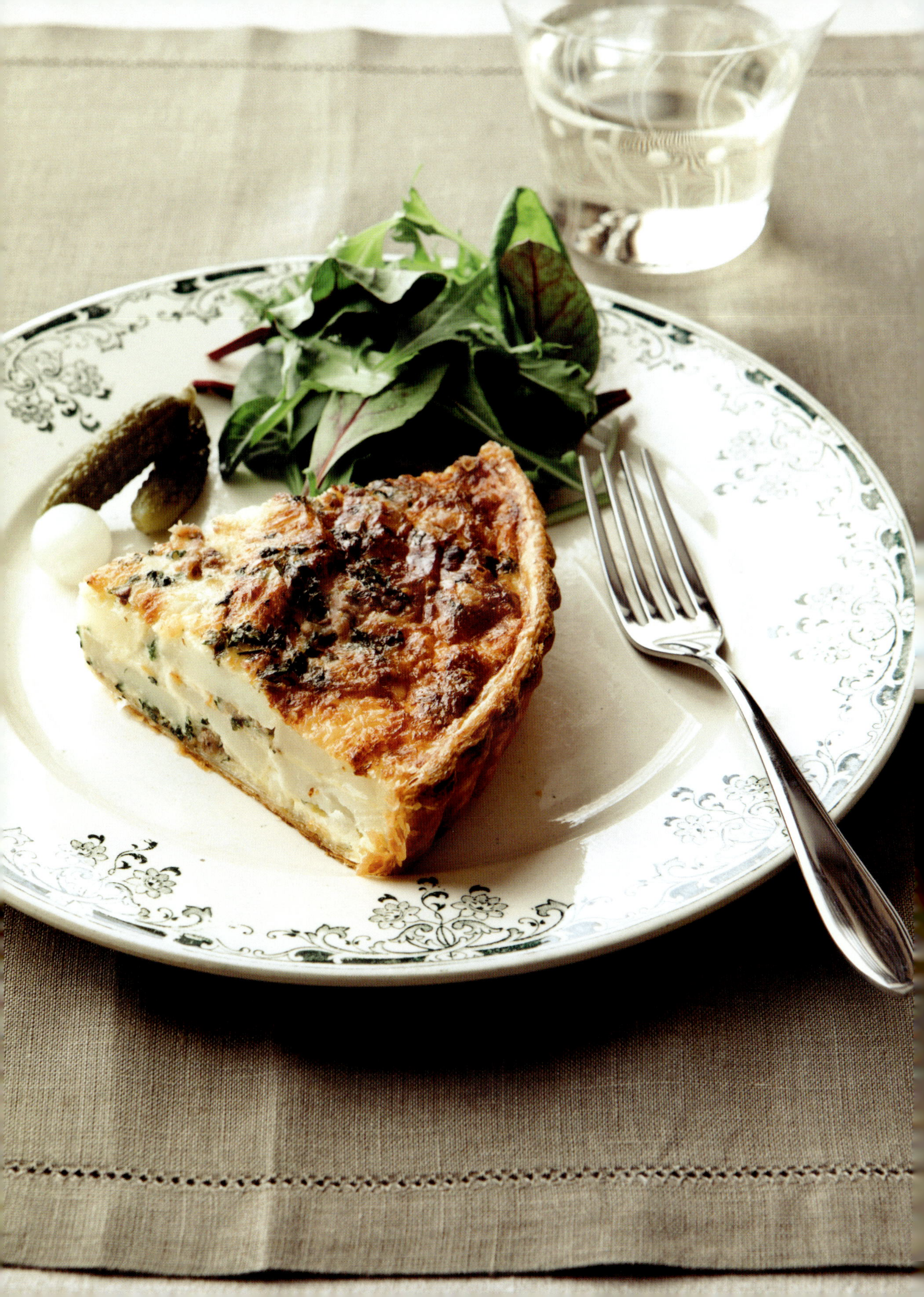

キッシュ種で作る きのこのタルトレット

マッシュルーム、しめじ、しいたけなどをたっぷり詰めてタルトレットに仕上げました。きのこはお好きなものを何種類か合わせてもいいです。好みでベーコンを加えても。

材料（直径7.5cmのタルトレット型6個分）
フイユタージュ・ラピッド（p.16）
　基本の1/3量を厚さ2mmに
　のばしたもの
具
　┌きのこ*　合わせて150g
　│オリーブ油　適宜
　│にんにくのみじん切り　1かけ分
　│塩、こしょう　各少々
　└グリュイエールチーズ　30g
キッシュ種
　┌卵　1個
　│塩　小さじ1/4
　│こしょう　少々
　│牛乳　50g
　└生クリーム　50g

＊ここでは、マッシュルーム、しめじ、生しいたけを使用。

生地の準備
1　p.25を参照して、生地を直径9cmの菊型で抜き、型に敷き込む。

キッシュ種と具を詰める〜焼く
2　きのこ類の石づきを落とし、スライスしておく。フライパンにオリーブ油とにんにくを入れて火にかけ、にんにくの香りが立ってきたら、きのこを加え、しんなりしたら、塩とこしょうで調味し、冷ましておく。

3　卵をといて、塩、こしょうをし、牛乳、生クリームを加え混ぜてキッシュ種を作る。

4　②を①の底に分けて入れ、チーズも分け入れ、③を流し入れる（写真A）。高めの中温（180〜190℃）のオーブンで焼き上げる（約25分）。

キッシュ種で作る チーズとパセリのタルトレット

パセリを飾りではなく、味わうためにたっぷり加えたら、緑が鮮やかなタルトレットになりました。一口サイズのプティ・フール・サレに仕立てれば、気のきいたおつまみにもなります。

材料（直径5.5cmのポンポネット型12個分）
パート・ブリゼ(p.14)　約200g
グリュイエールチーズ＊　100g
キッシュ種
- 卵　2個
- 塩　小さじ1/2
- こしょう、ナツメグ　各少々
- 牛乳　100g
- 生クリーム　100g

パセリ(みじん切り)　20g

＊エメンタールチーズでもいい。

生地の準備
1　p.25を参照し、生地を直径7cmの菊型で抜き、型に敷き込む。

キッシュ種を詰める〜焼く
2　卵をといて、塩、こしょう、ナツメッグで調味し、牛乳、生クリームを加え、パセリを混ぜる。

3　チーズを①に分け入れ、②を流し入れる(写真A)。中温(170〜180℃)のオーブンで焼き上げる(15〜20分)。

ほうれん草入りのアパレイユで
ほうれん草とゆで卵のタルト

輪切りにしたゆで卵を敷いた上に、ほうれん草入りのアパレイユを流して焼き上げました。緑のほうれん草とゆで卵の黄色と白で、切り口の彩りもとてもきれいです。基本のキッシュよりもクリーミーな口当りに仕上がります。

材料(直径20cmのタルト型1台分)
フイユタージュ・ラピッド(p.16)
　厚さ3mm、直径25cmにのばしたもの
固ゆで卵　3個
ほうれん草(ゆでて
　水気をきり、2cmに切る)　200g
グリュイエールチーズ(おろす)　20〜30g
アパレイユ
┌ バター　30g
│ 薄力粉　大さじ山盛り1
│ 牛乳、生クリーム　各75g
│ 卵　2個
│ 塩　小さじ1/2
└ こしょう　少々

生地の準備

1　p.23を参照し、タルト型に敷き込む。

2　p.26を参照して、半焼きにし、アパレイユの卵をとき、一部を底に薄くぬって、オーブンに短時間入れて乾かす(写真A)。

具とアパレイユを詰めて焼く

3　アパレイユを作る。片手鍋にバターを入れて中火にかける。バターがとけたところで、薄力粉を入れ、焦がさないようにさっと炒める。牛乳と生クリームを一気に加える(写真B)。一煮立ちし、とろみがついたら火から下ろす。ここに②の残りの卵を3回くらいに分けて加え、均一に混ぜる(写真C)。ほうれん草を加え混ぜ、塩、こしょうで調味する(写真D)。

4　②の底に③を薄く流し、ゆで卵の輪切りを並べ、③の残りを流し入れ、チーズを上にふりかける(写真E、F)。中温(170〜180℃)のオーブンで焼き上げる(約25分)。周囲からふくらみ、中央部もふくれれば、火が通った証拠。型のはずし方はp.30を参照。

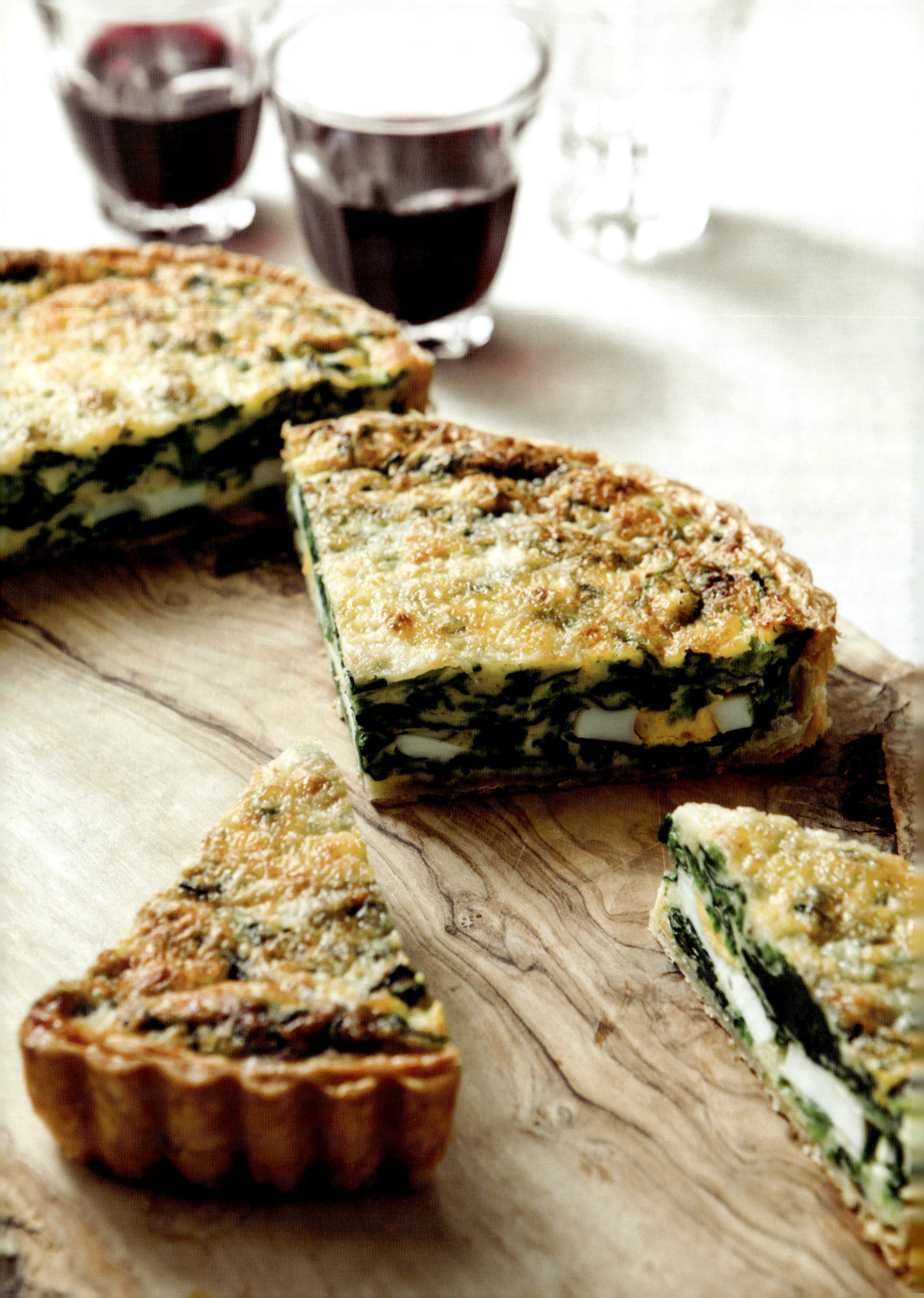

玉ねぎをのせて
ピサラディエール

南フランス、ニース地方のスペシャリテの玉ねぎのピッツァには、フイユタージュやパート・ブリゼのものも見かけます。かつては、南仏風いわしのペースト(ピサラ)をぬって玉ねぎをのせたようですが、今ではアンチョビーで代用するようになったとか。おいしく作るための大切なことは、玉ねぎをクリーミーになるまで、よくよく炒めることです。ここでは1キログラムの玉ねぎを1⁄3になるまで炒めました。

材料（22×22cmの天板1台分）
フイユタージュ・ラピッド(p.16)
　厚さ3mm、24cm角を1枚
玉ねぎ　1kg
オリーブ油　大さじ3
塩、こしょう　各適宜
アンチョビー*　10〜12枚
黒オリーブ　15〜30粒

＊塩気が強いアンチョビーは、水に浸し、程よく塩抜きする。

生地の準備
1　生地をオーブンシートにのせ、天板に移す。指先で押さえて周囲に立上りを作る（写真A）。底にフォークでピケをし、冷蔵庫で冷やしておく。
＊生地の大きさは天板に合わせる。

具をのせて焼く
2　玉ねぎを縦2つに切り、繊維に沿って均一に薄切りにする。これをオリーブ油で薄く色づいてクリーミーになるように炒めて、塩、こしょうし、冷ましおく。

3　②が冷めたら、①の生地の上に平らに広げる。縦2〜3等分に切ったアンチョビーをオリーブとともに、玉ねぎの上に並べる（写真B）。高温(200〜220℃)のオーブンに入れ、途中温度調節をして焼き上げる（約30分）。
＊オリーブの塩分を確認し、のせる量を加減する。

トマトソースで
なすとトマトソースのガレット

オレンジのガレット（p.62）と同様に、パート・ブリゼで型を使わずにトマトソースになすをのせて作りました。イメージは南フランスやイタリアのガレットです。なすをズッキーニに替えてもおいしいものです。

生地の準備
1 p.62のオレンジのガレットと同様に底生地を作り、アルミ箔なしで半焼きする。

トマトソースを作る
2 鍋にオリーブ油を入れて火にかけ、玉ねぎを透き通るまで炒め、にんにくを加えてさらに炒める。ここに網を通したトマトの水煮を加え、少々かために煮つめ、塩、こしょうで調味する。

詰め物をのせて焼く
3 なすはへたを取って、縦4〜5枚にスライスして水に放してあくを抜き、よく水気を取って、多めのオリーブ油で両面をソテーして、余分な油を取る。

4 ①にトマトソースを全体に広げ、なすを放射状に並べる（写真A、B）。塩、チーズ、オレガノをふり、低めの高温（約190℃）のオーブンで焼き上げる（約20分）。

材料（直径24cmのガレット1台分）
パート・ブリゼ（p.14） 約230g
トマトソース*
　オリーブ油　大さじ2
　玉ねぎ（みじん切り）　小1個分
　にんにく（みじん切り）　1かけ分
　トマト水煮缶　1缶
　塩、こしょう　各適宜
なす　4〜5本
オリーブ油　適宜
塩、オレガノ　各適宜
パルミジャーノ・レッジャーノ
　（おろす）　約15g

＊トマトソースは100gを使用。

ご飯とゆで卵の入ったミートパイ

おなじみのミートパイは表面に切込みを入れたジャルジー（鎧戸の意味）という形にしました。詰め物は牛ひき肉にご飯とゆで卵などを混ぜています。しょうゆ味やカレー味などでもどうぞ。

材料（22×15cm 1台分）
- フイユタージュ・ラピッド（p.16）
  厚さ3mm、22×30cmを1枚
- 詰め物
  - バター　大さじ1/2
  - 玉ねぎ（みじん切り）　25g
  - マッシュルーム（みじん切り）　25g
  - 牛ひき肉　100g
  - A
    - トマトペースト　小さじ1
    - 塩、こしょう、ナツメグ　各適宜
  - ご飯　50g
  - 固ゆで卵（粗みじん切り）　1個分
- とき卵　適宜

詰め物と生地の準備
1　詰め物を作る。鍋にバターをとかし、玉ねぎとマッシュルームを炒め、しんなりしたら、牛ひき肉を加え、炒める。肉に火が通ったら、Aで調味し、ご飯とゆで卵を加え混ぜ、冷ましておく（写真A）。

2　生地をオーブンシートにのせ、充分冷やしておく。

3　生地の縦半分の位置に目安の線をつける。片側を二つ折りにし、輪になったところに1cm間隔の切込みを入れて開く。これがふたになる（写真B）。
＊途中、生地がやわらかくなると成形しづらくなる。やわらかくなったら、必ず冷蔵庫で冷やす。

詰め物を包んで焼く
4　切込みを入れてないほう（底）に、のり代の部分を残し、①の詰め物を平らに広げる。

5　のり代部分に薄くとき卵をぬり、切込みを入れたふた生地を縁を合わせてシートごとかぶせ、密着させる（写真C、D）。

6　指の腹で押し出すと同時にカードで筋をつけ、周囲を形作る（写真E）。表面にとき卵をぬり（切込みの断面につけないようにすること。卵液がつくと生地がくっついてふくらまない）、高温（200～220℃）のオーブンに入れ、途中温度を調節しながら焼き上げる（約30分）。

小さなパイ、ショッソンにして

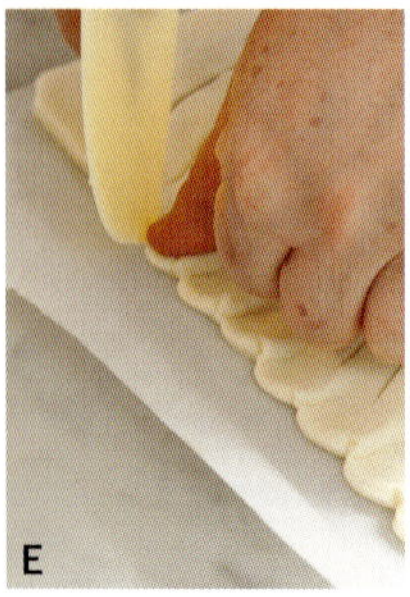

ショッソンにするときは
小さな長円形にのばした生地に、詰め物を入れればショッソンという小さなパイができる。生地は厚さ4mmにのばし、直径10cmの菊型で抜き、めん棒で長円形にのばし、詰め物をやや片側にのせる。周囲にとき卵を薄くぬり、二つ折りにする。上から一回り小さい抜き型の刃でないほうを使い、ふくらみの際を押さえて形を整える。表面にとき卵をぬり、ナイフで浅く切れ込みを入れてミートパイ同様に、温度調節をしながら高温で焼き上げる。

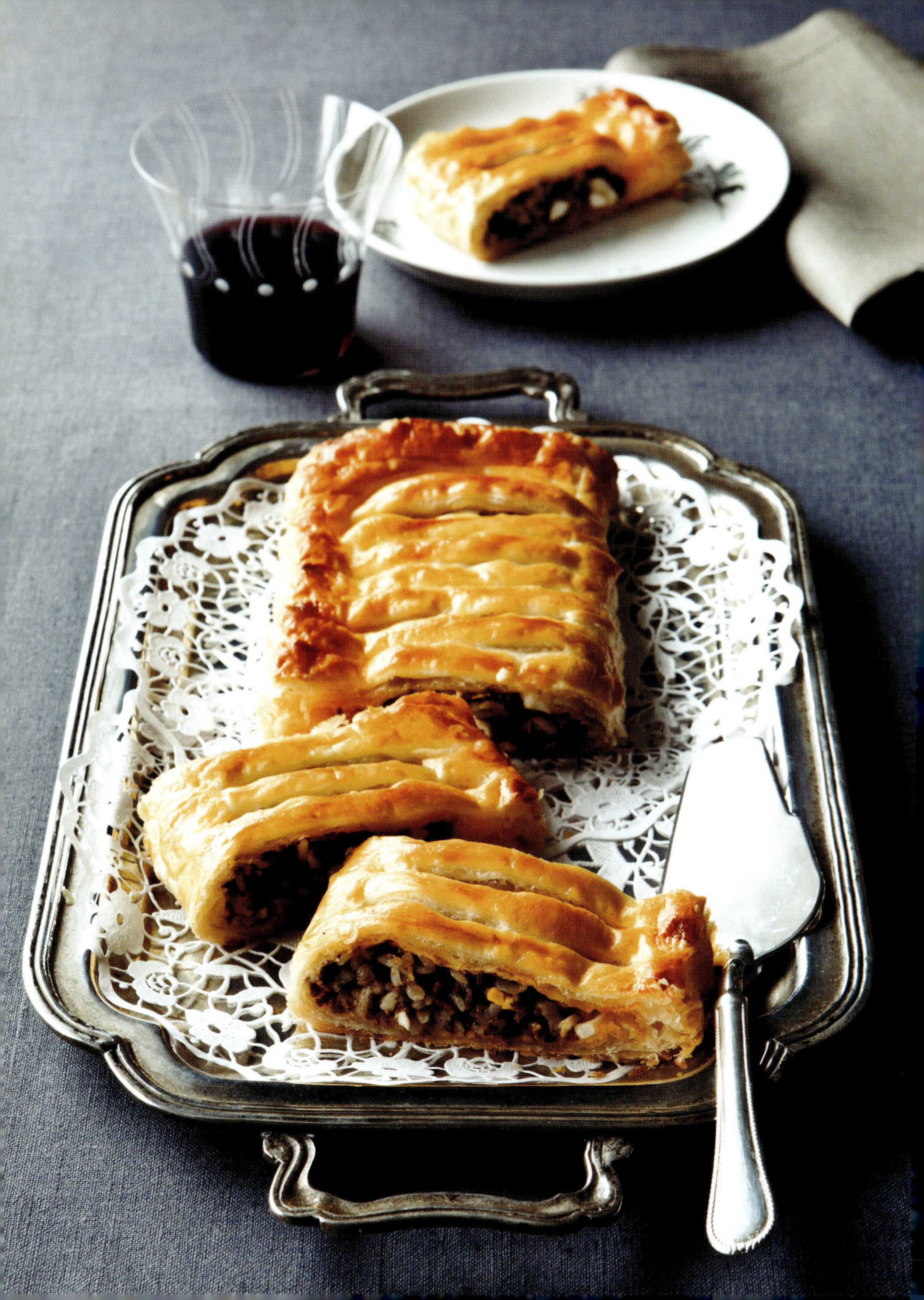

本格的なフイユタージュ・ノルマルの作り方

基本の次に挑戦したい生地

最後に、挑戦してみたい方のために、本格的なフイユタージュ・ノルマルの作り方も紹介しておきましょう。ラピッドと違いノルマルは、粉と水で作った「デトランプ」という生地でバターを包み、「のばして折りたたむ」という操作を繰り返し、デトランプとバターの薄い層が重なった状態にします。これを焼き上げると層状（フイユタージュの意味）になるのです。おなじみのクロワッサンも作業としては同じですが、デトランプがイースト入りのパン生地で作るため、発酵してふくらみます。

手間と少々の熟練が必要な生地ですが、ラピッドよりも繊細な食感で、焼上りの「浮き」も高く、とても上等な味わいになります。

デトランプの準備

1 ボウルに水を入れ、塩を入れてよく溶かす。ここに粉の半量を加えてなめらかになるまでよく混ぜる。

2 とかしバターを加え均一に混ぜる（写真A）。

3 ②に残りの粉を入れ、手で均一になるまでこね、ポリ袋に入れて冷蔵庫で最低数時間から一晩休ませる（写真B、C）。
＊デトランプが均一になめらかになっていないとのびが悪い。また休ませる時間が短いとなめらかにならないので必ず休ませること。

バターを正方形にする

4 バターをポリシートに包んで約17cm角の正方形にし、冷蔵庫でかたく冷やしておく（写真D）。

基本材料

デトランプ
- 薄力粉（ふるう）　125g ┐合わせておく＊
- 強力粉（ふるう）　125g ┘
- 水　約130g
- 塩　小さじ1/2
- とかしバター（食塩不使用）　30g

折り込み用バター（食塩不使用）　200g
打ち粉用強力粉　適宜

＊粉は中力粉250gでもよい。

生地の扱いは？
ラピッド同様に、グルテンの性質上のばすと逆の方向に縮む性質を持っています。休ませれば、この力は消えます。そのため、のばしづらくなったら必ず休ませます。

焼く温度は？
高温で焼きます。温度が低いと層の間からバターが流れ出ます。焼くことで、デトランプの間でバターが煮立って水蒸気ができ、その力で生地が浮き上がります。デトランプにバターが吸われ、やがておいしそうな焼き色がつき、余分な水分がとんで、サクッとするまで焼きます。

デトランプの性質は？
小麦粉と水で作るため、「グルテン」が形成されます。このグルテンののびが必要なのです。そして、バターも少量加えています。このバターがグルテンの力を適度に抑え、扱いやすく、また食感のいい焼き上がりにしてくれます。

折り込み油脂は？
常温で固形でなければいけません。ここではもちろんバターを使っています。バターは温度が低ければかたくなり、高ければやわらかくなります。ちょうどいいかたさにしてデトランプと一緒にのばさねばなりません。この温度によるかたさの違いを理解しましょう。

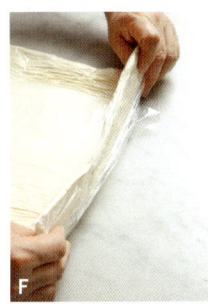

デトランプで
バターを包む

5 ③のデトランプを25cm角くらいにのばす。このとき打ち粉はしない(写真E)。表をのばしたらポリシートをかぶせ、端を包み込んで裏返す(写真F)。これでポリシートの上にデトランプがのる。
＊打ち粉をしないのは、バターを包むときに生地どうしがよくつくようにするため。

6 ⑤にバターをのせる(写真G)。風呂敷包みのようにバターを包む(写真H)が、重なり部分は指でつぶして薄くしておく。角が邪魔なら切り落とす。

7 表面に打ち粉をして余分を刷毛で払う(写真I)。てのひらで押さえてデトランプとバターの間に入った空気を集め、竹串を斜めに刺して抜く(写真J、K)。穴は指で押さえてふさぐ。次に裏返して、同様にする。
＊空気のふくらみが出てきたら、同様に抜く。

のばす〜三つ折りを5回

8 かたかったバターが写真のようにしなやかに曲がるようになったら(写真L)、めん棒で真ん中から上へつぶすように押さえながらのばす。次に同様に下へ向かう(写真M)。
＊ギザギザのめん棒は生地を傷めるので、表面がなめらかなものを使うこと。

9 次にめん棒を転がしてのばしていく(写真N)。途中ときどき打ち粉をして台やめん棒にくっつくのを防ぐ。打ち粉をしたら余分は必ず払うこと。幅を出したいときはめん棒を斜めに動かす。

10 20×60cmくらいになったら、三つ折りをする(写真O)。

11 90度回して打ち粉をし、⑨、⑩の操作を繰り返し、三つ折りを合計5回繰り返す(写真P)。
＊途中でのびにくくなったら、無理をせずに乾燥しないようポリシートに包み、涼しいところで休ませる。バターがゆるむようなら、冷蔵庫で冷やし、扱いやすい状態にする。休ませるとき、折った回数をメモしたものをのせておく。

生地ができたら！
p.16のラピッドと同様に、できた生地は用途によって目的の厚さと大きさにのばし、充分に休ませておく。かびが出やすいので冷凍庫で保存する。

フイユタージュ・ノルマルで
ガレット デ ロワ (ピティヴィエ)

「王様（ロワ）」のお菓子」という名のこのお菓子は、1月6日の主顕節（エピファニー）に食べられるお菓子で、中にフェーブ（そら豆）という小さな陶器の人形を入れ、紙製の王冠をのせて売られています。切り分けて、フェーブが当たった人がその日の王様（女王様）になって王冠をかぶってみんなに命令ができるという遊びをします。
パリあたりはクリームを入れずに焼き上げるガレットが伝統のようですが、ここで紹介するのは、アーモンドクリームを入れて焼き上げるパリ南方の街・ピティヴィエの銘菓です。近年、日本では、このピティヴィエがガレット デ ロワとして知られてきています。ここでは、フイユタージュ・ノルマルを使って作りましたが、p.16のフイユタージュ・ラピッドで作っても充分満足がいく焼上りになります。

材料（直径25cm 1台分）
フイユタージュ・ノルマル(p.84)
　厚さ3mm、28〜30cm角を2枚
アーモンドクリーム(p.31)　約200g
フェーブ　1個
とき卵　適宜

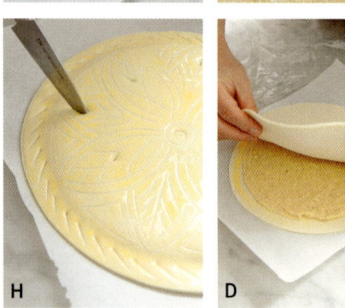

生地の準備
1　よく冷やした生地を鍋のふたを利用して直径25cmくらいに2枚切り抜く（写真A）。台になる1枚はオーブンシートにのせ、ふたになるもう1枚はポリシートで包んで冷やしておく。

クリームを詰める〜焼く
2　①の台の生地は、ナイフの先などで全体にピケをし、周囲2cmくらいをのり代として残して、絞出し袋に入れたアーモンドクリームを絞り、平らに広げ、フェーブを沈める（写真B、C）。

3　のり代にとき卵をぬり、ふたの生地を空気が入らないようにかぶせ（写真D）、周囲を指で押さえて密着させる。

4　表面にとき卵をぬる。少しおいて、もう一度ぬる（写真E）。

5　模様をナイフの先でつけるが、表面を浅く切るだけで、クリームまでナイフを入れてはいけない。まず、定規で測って中心を決め、丸口金の上下を使って丸い模様の切れ目を浅くつける（写真F）。ナイフの先端を使い、好みの模様をつける。周囲は縁よりも少し入ったのり代部分を模様になるように、台にあたるまでナイフを刺す（写真G、H）。
＊ここでは木の葉の形を構成した模様をつけたが、p.45のような斜め格子でもいい。

6　クリームの入った部分もところどころ台にあたるまでナイフを刺し、空気穴をあける。

7　高温（200〜220℃）のオーブンで、途中温度を調節しながら焼き上げる（約35分）。

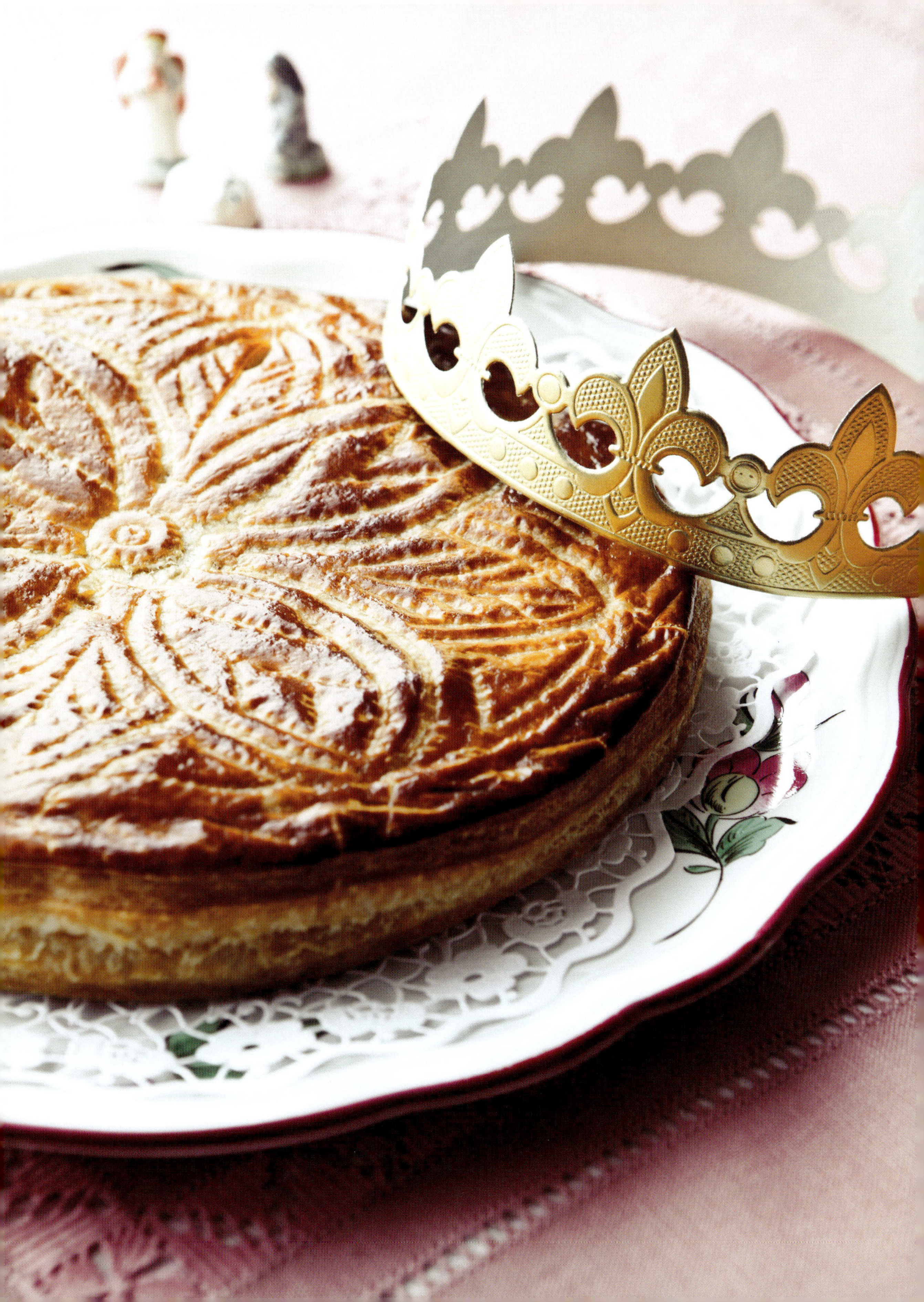

アートディレクション　木村裕治
デザイン　川崎洋子（木村デザイン事務所）
撮影　結城剛太
スタイリング　中安章子
校閲　鈴木良子
編集　大森真理
　　　浅井香織（文化出版局）

相原一吉（あいはら かずよし）

1952年、東京生まれ。香川栄養専門学校製菓科卒業後、日本の洋菓子研究家の先駆者である故・宮川敏子氏（スイス・フランス菓子研究所主宰）の助手となる。氏の急逝後、同研究所を引き継ぎ、氏のモットー「家庭だからこそ最高においしいお菓子を」の思いのもとに、研究し続けている。本書でも、家庭で確実に作れるためのタルトのレシピをおしみなく披露。また、専門学校にて製菓理論の講師も務める。
著書は下記弊社既刊本のほかに『基礎から学ぶ洋菓子づくり』（パンニュース社）、『焼き菓子レシピのそこが知りたい』（講談社）がある。

スイス・フランス菓子研究所
「お菓子の教室」
〒114-0015　東京都北区中里1-15-2
大河原ビル802
Tel・Fax 03-3824-3477

相原一吉の好評既刊本
『お菓子作りのなぜ？がわかる本』『もっと知りたい？お菓子作りのなぜ？がわかる本』『きちんとわかる、ちゃんと作れる！チョコレートのお菓子の本』『たった2つ！の生地で作れるパン 発酵は冷蔵庫におまかせ』

作り方の
なぜ？がよくわかる
タルトの本

2012年10月1日　第1刷発行

著　者　相原一吉
発行者　大沼 淳
発行所　学校法人文化学園 文化出版局
〒151-8524　東京都渋谷区代々木3-22-7
電話 03-3299-2565（編集）　電話 03-3299-2540（営業）

印刷・製本所　凸版印刷株式会社

©Kazuyoshi Aihara 2012 Printed in Japan
本書の写真、カット及び内容の無断転載を禁じます。

本書のコピー、スキャン、デジタル化等の無断複製は著作権法上での例外を除き、禁じられています。本書を代行業者等の第三者に依頼してスキャンやデジタル化することは、たとえ個人や家庭内での利用でも著作権法違反になります。

文化出版局のホームページ　http://books.bunka.ac.jp/
書籍編集部情報や作品投稿などのコミュニティサイト　http://fashionjp.net/community/